ESSAI

D'UNE

THÉORIE NOUVELLE

DE LA MUSIQUE.

PARIS. — IMPRIMERIE DE GAUTHIER-VILLARS.

rue de Seine-Saint-Germain, 10, près l'Institut.

ESSAI

D'UNE

HÉORIE NOUVELLE

DE LA MUSIQUE,

Par M. MUGNIER,

ANCIEN ÉLÈVE DE L'ÉCOLE POLYTECHNIQUE,
CAPITAINE D'ARTILLERIE.

PARIS,

GAUTHIER-VILLARS, IMPRIMEUR-LIBRAIRE

DE L'ÉCOLE IMPÉRIALE POLYTECHNIQUE, DU BUREAU DES LONGITUDES,

SUCCESSEUR DE MALLET-BACHELIER,

Quai des Augustins, 55.

1865

TABLE DES MATIÈRES.

CHAPITRE PREMIER.
DES SONS.

CHAPITRE II.
DES INTERVALLES.

CHAPITRE III.

DES SONS ADMISSIBLES DANS LA MUSIQUE.

CHAPITRE IV.

DU GENRE DIATONIQUE.

CHAPITRE V.

DU GENRE CHROMATIQUE ET DU GENRE ENHARMONIQUE.

CHAPITRE VI.

DE LA TONALITÉ.

CHAPITRE VII.

DE LA MODULATION.

FIN DE LA TABLE DES MATIÈRES.

ESSAI

D'UNE

THÉORIE NOUVELLE

DE LA MUSIQUE.

CHAPITRE PREMIER.
DES SONS.

De la production et des qualités des sons.

Le son est le résultat des vibrations des corps. Les vibrations sont des mouvements très-courts, rapides et réguliers des diverses parties des corps. Elles produisent dans l'air ou les corps environnants des mouvements semblables qui, se transmettant de proche en proche jusqu'à l'oreille, donnent à l'esprit, par son intermédiaire, l'impression du son.

Les vibrations résultent le plus souvent de l'ébranlement des corps élastiques. Les molécules de ces corps, dérangées de leur position d'équilibre, tendent à y revenir, s'en rapprochent avec une vitesse constamment croissante, la dépassent en vertu de la vitesse acquise, s'en éloignent alors avec une vitesse constamment décroissante, et s'arrêtent après l'avoir dépassée d'une longueur égale à l'écart primitif pour s'en rapprocher de nouveau. Elles exécutent ainsi, autour de leur position initiale, des oscillations analogues à celles d'un pendule. Quand ces oscillations sont très-petites, la durée de chacune d'elles est sensiblement constante, la force qui tend à ramener les molécules à leur position initiale étant proportionnelle à l'écart qu'elles ont éprouvé, et cette condition suffisant pour établir l'isochronisme.

Le mouvement vibratoire établi dans l'une des parties d'un corps élastique se transmet dans toute l'étendue de ce corps et dans tous les corps élastiques environnants. Dans le mouvement transmis comme dans le mouvement initial, la durée de chaque vibration est sensiblement constante; mais l'amplitude diminue en même temps que le mouvement s'éloigne de son origine, la masse à laquelle il se communique devenant sans cesse plus grande. L'amplitude du mouvement initial diminue elle-même par la communication aux corps environnants et probablement aussi par l'effet d'une résistance analogue au frottement.

Le son est caractérisé par quatre propriétés qui sont : la hauteur, la durée, l'intensité et le timbre.

La hauteur est la rapidité plus ou moins grande de la succession des vibrations. Elle se mesure et se représente par le nombre plus ou moins grand des vibrations produites dans un même temps.

La durée est le temps plus ou moins long pendant lequel la succession des vibrations est transmise à l'oreille, temps égal à celui pendant lequel elle se produit.

L'intensité est l'effet plus ou moins marqué produit par le son sur l'oreille. Elle dépend de l'amplitude des vibrations, c'est-à-dire de l'espace parcouru dans chaque vibration par les diverses parties du corps sonore.

Le timbre est le caractère spécial, indépendant de la hauteur, de la durée et de l'intensité, qui résulte pour chaque son de la disposition spéciale des diverses parties du corps sonore.

De la perception et de l'appréciation des sons.

Dès que les sens sont formés, dès que l'esprit existe, les sens transmettent à l'esprit la sensation complète du son; ils lui indiquent à la fois la hauteur, la durée, l'intensité et le timbre. Mais si l'attention n'est pas éveillée, l'esprit reste passif, les indications des sens passent inaperçues.

L'attention venue, l'esprit devient actif, l'esprit écoute, et les caractères indiqués lui apparaissent alors plus ou moins confondus ensemble.

Avec la réflexion, l'esprit commence à réagir non-seulement sur ses sens, mais sur lui-même, sur ses propres perceptions. Après la perception de deux sons successifs, la mémoire intervenant pour retenir le premier, l'esprit le compare au second. Si le second lui est semblable, il le reconnaît; s'il est différent, il le distingue.

Les différences étant aperçues, deux choses restent à faire, reconnaître leur nature et reconnaître leur grandeur, les apprécier et les mesurer.

L'appréciation n'est facile et la mesure possible pour l'esprit, qu'à la condition de négliger volontairement quelques-uns des caractères du son pour fixer son attention sur les variations de l'un d'entre eux. Cette abstraction se fait aisément lorsque les sons ne diffèrent que par l'un de leurs caractères, et l'exercice la rend toujours possible, sinon facile, malgré la variation simultanée de plusieurs d'entre eux. C'est avec son aide que l'esprit a pu apprécier et mesurer les principales variations des sons qu'il entend le plus fréquemment, et les ayant retenus, les reconnaître et les reproduire.

Cette étude lui est non-seulement possible, mais agréable, chaque appréciation lui est un plaisir, et ce plaisir est d'autant plus vif, que l'appréciation est plus facile.

1.

Des variations du timbre. — Langage parlé.

Les variations du timbre ne paraissent pas pouvoir se mesurer, s'exprimer par des nombres.

Mais le timbre des sons émis par un même corps est sensiblement constant, quelles que soient les circonstances dans lesquelles il résonne. Il ne varie que pour les sons émis par divers corps ou par des parties distinctes d'un même corps ; et le plus souvent ces variations sont en nombre assez limité pour que l'esprit puisse retenir chacune d'elles.

Les changements de timbre résultant pour les sons émis par un même système du changement de la partie vibrante sont faciles à distinguer dans les sons de la voix, et surtout dans les sons de la voix de l'homme. Ces sons résultent de deux genres de vibrations, celles de l'air lancé par les poumons, celles des organes qu'il traverse. Leur timbre varie suivant que telle ou telle partie de ces organes se présente à l'action immédiate de l'air en vibration. Les variations ainsi produites sont nommées voyelles. Elles ne sont pas continues, elles sont en petit nombre, et par suite faciles à distinguer et à retenir.

L'émission de chaque voyelle peut se compliquer sans s'altérer par l'émission des sons secondaires résultant des mouvements très-vifs des lèvres ou de la langue. On nomme consonne l'émission isolée de l'un de ces sons. On nomme syllabe l'émission simultanée d'une consonne et d'une voyelle.

Les consonnes sont en petit nombre et faciles à distinguer ; mais elles le sont moins que les voyelles, parce que leur nombre est plus grand, leur intensité plus faible, et leur durée extrêmement courte ; tandis que la durée de chaque voyelle peut être égale à la durée de chaque expiration.

Les voyelles, les consonnes et les syllabes étant en nombre limité, faciles à distinguer, à reconnaître et à reproduire, l'homme a pu les appliquer aux divers objets, aux diverses sensations, aux divers sentiments qu'il voulait indiquer, et en faire le principal moyen de communication de toutes ses idées.

Pour exprimer le nombre infini des idées, les uns ont fait accompagner, précéder ou suivre l'émission de chaque voyelle, d'une ou plusieurs consonnes; variant ainsi à l'infini les inflexions de chaque voyelle, ils ont attaché à chaque idée nouvelle une nouvelle syllabe.

D'autres, plus heureux ou plus habiles, ont limité le nombre des syllabes, en choisissant les plus simples, en ne joignant le plus souvent qu'une consonne à chaque voyelle, et employé pour l'expression de leurs idées, non les syllabes elles-mêmes, mais leurs combinaisons.

L'expression de chaque idée simple, le mot, a donc été la combinaison d'une voyelle avec une ou plusieurs consonnes, ou la combinaison de plusieurs syllabes. La combinaison des mots a formé la phrase, et la combinaison des phrases le discours.

Ainsi, les variations de timbre de la voix humaine ont pu former et ont formé la base unique de tous les alphabets, de toutes les langues.

Des variations de hauteur, de durée et d'intensité. — Musique.

Les variations de hauteur, de durée et d'intensité n'ont pu remplir le même objet, parce qu'elles sont continues, en nombre infini, et par suite moins faciles à apprécier, à reconnaître, à retenir et à reproduire. Elles n'ont pu disparaître, mais elles ont été négligées pour laisser plus en évidence la propriété la plus caractéristique du langage, et ces variations qui constituent les divers accents sont devenues d'autant plus faibles, que le langage s'est plus approché de sa perfection. La parole a dû les exclure pour arriver, par l'emploi exclusif du caractère le plus simple et le plus précis, à ses deux qualités les plus nécessaires : la simplicité et la précision.

La hauteur peut se mesurer et se représenter par le nombre des vibrations produites dans un temps donné. Elle est très-variable pour les sons émis par un même corps, suivant les circonstances dans lesquelles il résonne, et ses variations sont généralement continues, de sorte qu'entre deux sons de hauteur donnée, on peut trouver un nombre infini d'autres sons de hauteurs intermédiaires. Elles paraissent, et sont par ce motif très-difficiles à mesurer, très-difficiles à retenir.

L'esprit aidé de l'oreille, même la plus exercée, ne peut compter d'une manière absolue les vibrations du corps sonore. Il lui faut pour cet objet des instruments spéciaux et beaucoup de temps. Mais il distingue aisément les sons produits par des nombres de vibrations différents. Il reconnaît les sons produits par des nombres de vibrations égaux. Il apprécie, s'il ne les évalue, les rapports des nombres des vibrations, quand ces rapports sont simples. Il les retient, les reconnaît et, réagissant sur ses organes, il les reproduit, soit par la voix, soit par les instruments.

Ce que l'esprit peut faire et fait pour le rapport de deux sons, il peut le faire et il le fait pour une succession de plusieurs sons, lorsque leurs rapports sont simples et que leur succession est disposée suivant des règles simples, établissant un certain ordre qui facilite l'appréciation des rapports, et peut être lui-même saisi par l'esprit.

Les variations de durée peuvent se mesurer et s'exprimer par des nombres, et l'on conçoit qu'il puisse en être de même des variations d'intensité, l'intensité ne paraissant dépendre que de l'amplitude des vibrations transmises. La durée et l'intensité sont très-variables pour les sons émis par un même corps, suivant les circonstances dans lesquelles il résonne, et leurs variations sont généralement continues. Elles paraissent et sont pour cette raison très-difficiles à apprécier, très-difficiles à retenir. L'esprit aidé de l'oreille, peut cependant les apprécier et les retenir, lorsqu'elles sont très-simples, ainsi que leurs successions, lorsque celles-ci sont soumises à des règles simples.

Une série de sons successifs ou simultanés variables de hauteur, de durée, d'intensité, peut donc être appréciée par l'esprit et lui être agréable si les variations qu'elle présente sont simples et disposées suivant des règles simples. L'ordre établi par ces règles facilite l'intelligence des variations, les rend par là plus agréables et, saisi lui-même par l'esprit, ajoute au plaisir que lui procure l'appréciation de chacune d'elles.

L'appréciation de la série est d'autant plus facile, et le plaisir qu'elle cause est d'autant plus grand, qu'elle présente à un plus haut degré ces deux qualités essentielles : la régularité et la simplicité.

Elle cesserait cependant de plaire, si elle reproduisait trop fréquemment les mêmes variations, les mêmes successions, cette répétition ne pouvant rien apprendre à l'esprit s'il a pu déjà les apprécier sans avoir eu le temps de les oublier. Elle doit donc avoir une troisième qualité non moins essentielle, la variété.

Une série satisfaisant à ces trois conditions nécessaires, indépendamment du plaisir qu'elle procure à l'esprit par sa seule appréciation, peut agir encore en lui rappelant le souvenir de ses sensations ou de ses sentiments par la reproduction des sons qui les ont accompagnés.

Agissant par une de ces causes, ou par toutes les deux, chacune de ces séries peut être appliquée par l'esprit aux diverses sensations, aux divers sentiments qu'il peut éprouver, et employée par lui pour les indiquer et les transmettre.

Les combinaisons simples et régulières de sons variables de hauteur, de durée et d'intensité peuvent donc former un véritable langage, différent du langage parlé.

C'est à ce langage qu'on donne le plus souvent le nom de *musique*.

Mélodie. — Harmonie.

La série des sons successifs qui forme le discours est ce qu'on nomme la *mélodie*.

La série des sons simultanés, par laquelle on peut accompagner chacun des sons du discours pour en augmenter l'effet ou en compléter le sens, est ce qu'on nomme l'*harmonie*.

Le langage musical résulte de l'union de trois modes d'expression qui peuvent s'employer et s'emploient quelquefois isolément.

Les variations de hauteur sont le principal élément de la musique. Leur emploi exclusif constitue la musique plane, le plain-chant.

Mesure. — Rhythme.

La succession régulière des variations de durée constitue le mètre, la mesure.

La succession régulière des variations d'intensité constitue le rhythme.

L'emploi de la mesure et du rhythme donne à la musique plus de clarté, parce qu'il permet d'appeler et de retenir l'attention sur les points essentiels du discours, en les plaçant sur les temps les plus marqués. Il lui donne plus de douceur et de puissance, parce qu'il permet de glisser les rapports les plus compliqués sur les temps faibles, en plaçant le plus souvent les plus simples sur les temps forts.

Définition générale de la musique.

La musique peut se compliquer et se compléter par l'emploi des variations de timbre, soit qu'elle réunisse plusieurs instruments de timbres divers pour l'expression d'un même discours, soit qu'elle s'unisse au langage parlé pour former le chant.

Ainsi l'on peut dire que la musique, entendue dans le sens le plus général, est le langage formé par des séries de sons successifs ou simultanés présentant des variations soumises à certaines règles, de la hauteur, de la durée, de l'intensité et du timbre.

Écrire la musique, c'est représenter les sons qui la forment par des signes qui en indiquent la hauteur, la durée, l'intensité et le timbre.

Lire la musique, c'est reproduire avec leur hauteur, leur durée, leur intensité et leur timbre les sons représentés par des signes écrits.

Le langage musical ne peut avoir la généralité et la précision du langage parlé. Le caractère de nécessité des successions musicales, la difficulté relative de leur appréciation, ne leur laissent pas la liberté et la clarté nécessaires pour l'expression de toutes les idées. Elles ne peuvent s'appliquer qu'à un ordre déterminé de sensations et de sentiments, et leur mode d'application n'est point arbitraire. Mais ce caractère de nécessité qui limite leur domaine, leur donne dans ses limites une puissance spéciale, parce qu'il est inhérent à la nature de l'esprit humain. Il est le même pour celui qui chante et celui qui écoute, celui qui écrit et celui qui lit. Celui qui écoute la musique et celui qui la lit sont par là conduits non-seulement à comprendre, mais à éprouver toutes les sensations, tous les sentiments que cette musique peut exprimer.

Si la simplicité, la régularité nécessaires à la musique diminuent la liberté de ses combinaisons, ces qualités que l'âme recherche et admire en toutes choses leur impriment un caractère constant de douceur et de beauté.

Si elle est par là moins propre à l'expression de beaucoup d'idées, surtout dans leurs détails, elle est aussi plus puissante pour l'expression de tout ce qui est doux, de tout ce qui est beau ; et si le langage musical ne peut se comparer au langage parlé, pour la généralité et la précision de l'expression, on doit reconnaître qu'il a sur l'âme une action plus immédiate et plus profonde, qu'il est plus propre à l'expression des sentiments élevés, qu'il adoucit et embellit tout ce qu'il exprime.

La musique, disent les anciens, est chose céleste. Sa nature est divine. Elle nous élève au-dessus de nous-mêmes pour nous rapprocher de Dieu.

CHAPITRE II.
DES INTERVALLES.

De l'expression numérique des sons.

Si l'on fait abstraction de la durée, de l'intensité et du timbre pour ne considérer que la hauteur, on peut mesurer et représenter les sons par les nombres de vibrations de chacun d'eux dans un même temps.

*Détermination des nombres de vibrations correspondant
à un son donné. — Sirène.*

Ces nombres peuvent se déterminer à l'aide de divers
moyens, tels que le sonomètre, la sirène ou la méthode
graphique de M. Duhamel.

L'un des plus employés est la sirène. Les sons de la sirène résultent du passage d'un courant d'air ou de liquide
à travers des orifices alternativement ouverts et fermés
par l'action même de ce courant. Chaque fermeture,
chaque ouverture de ces orifices correspond à la moitié
d'une oscillation. Un indicateur, joint à l'instrument,
permet de connaître leur nombre. Pour déterminer la
hauteur d'un son donné, on fait varier la hauteur du
son de la sirène en augmentant ou diminuant la vitesse
du courant, de manière à obtenir l'unisson du son donné,
c'est-à-dire un son de hauteur égale. L'unisson, produisant une sensation spéciale très-facile à reconnaître,
peut se déterminer, par le seul secours de l'oreille, avec
une très-grande exactitude. Dès qu'il est obtenu, on
met en marche à la fois l'indicateur et le chronomètre, et
on les arrête à la fois après un certain temps, pendant
lequel on maintient l'unisson. On lit alors sur l'indicateur le nombre des vibrations, et sur le chronomètre le
temps dans lequel elles se sont produites.

Limites de hauteur des sons de la voix humaine.

On reconnaît ainsi que la hauteur de la voix humaine
varie pour l'homme de 200 à 800 vibrations par seconde,
et pour la femme de 500 à 2000. La hauteur des sons de
grand orgue varie de 32 à 8000 vibrations par seconde, et
ces limites comprennent celles de tous les autres instruments.

Limites de hauteur des sons perceptibles.

Dans les conditions habituelles du mouvement vibratoire, le son cesse d'être perceptible si le nombre des vibrations produites dans une seconde est inférieur à 32 ou
supérieur à 8000.

S'il est supérieur à 8000, les vibrations se succédant
trop rapidement, leur amplitude devient trop faible. S'il
est inférieur à 32, les vibrations se succédant trop lente-
ment ne peuvent produire une sensation continue. Il y a
isolement complet des effets dus à chacune d'elles.

Deux sons dont le rapport numérique est constant font toujours entendre le même intervalle.

La sirène, le sonomètre et plusieurs autres instruments
permettant de déterminer le nombre des vibrations d'un
son quelconque dans un temps donné, on peut, avec
leur secours, obtenir les expressions numériques de tous
les sons, en prenant pour terme de comparaison la durée
de la vibration du son pris pour unité.

L'esprit, aidé de l'oreille seule, ne peut compter les
vibrations. Mais il peut apprécier et retenir l'effet produit par l'accord ou la succession des sons, lorsque les
rapports de leurs nombres de vibrations sont simples.

Je ne veux pas parler ici des rapports arithmétiques ou
différences existant entre les nombres de vibrations des
sons. L'esprit, aidé de l'oreille seule, ne saurait les mesurer, parce qu'ils ne sont ni simples ni réguliers. Leur
considération inopportune a été l'obstacle le plus souvent
opposé à l'introduction des idées numériques dans la
théorie des sons. Je parle seulement des rapports harmoniques, des rapports géométriques de ces nombres,

rapports souvent simples, comme ceux de 1 à 2, de 2
à 3, de 4 à 5, ou, pour me faire mieux comprendre, des
quotients de la division des deux nombres de vibrations
l'un par l'autre.

L'expérience démontre que ces rapports sont les seuls
appréciés par l'esprit, l'audition de deux sons de timbre
semblable produisant une sensation spéciale toujours la
même, lorsque le rapport géométrique des nombres de
vibrations reste constant.

De l'expression numérique des intervalles.

L'effet résultant de la succession ou de l'accord de deux
sons se nomme leur intervalle, et l'on voit que tous les
systèmes de deux sons, dont les nombres de vibrations ont
entre eux le même rapport, font entendre le même intervalle. On peut donc représenter chaque intervalle par
le rapport des nombres de vibrations de deux sons
quelconques produisant cet intervalle, et considérer les
nombres, par lesquels on représente les sons, comme représentant aussi les intervalles qui existent entre chacun
de ces sons et le son pris pour unité.

Du mode d'appréciation des rapports harmoniques
des sons.

Considérons deux sons simultanés ou successifs, mais
se succédant d'assez près pour que la sensation du premier ne soit pas éteinte lorsque celle du second se produit.
Les deux séries de vibrations arrivent à l'oreille sans se
troubler ni se confondre.

La vitesse de chaque vibration est maximum en son
milieu, nulle à ses extrémités, et décroît d'une manière
continue de son milieu à ses extrémités. Chaque série de

vibrations simples peut donc être considérée comme une série de battements correspondant aux instants dans lesquels la vitesse est maximum, séparés par des intervalles de repos correspondant aux instants dans lesquels la vitesse est nulle ou presque nulle.

Il se produit des battements doubles résultant de l'union des battements les plus voisins des deux sons, et la série de leurs vibrations se présente divisée en périodes régulières semblables par la succession de battements doubles toujours semblables.

Supposons que le rapport des deux nombres de vibrations réduit à sa plus simple expression soit $\frac{m}{n}$. Chacune de ces périodes comprendra n vibrations du son grave, m vibrations du son aigu.

La disposition de chacune de ces périodes quoique régulière est généralement compliquée. Mais elle se simplifie lorsque les nombres m et n sont simples, c'est-à-dire formés de facteurs premiers très-petits en très-petit nombre et répétés un très-petit nombre de fois, et l'on conçoit aisément qu'alors cette disposition simple et régulière détermine une sensation spéciale qui peut s'apprécier et se retenir d'autant plus facilement, que m et n sont plus simples.

La disposition de la période est particulièrement simple, et la sensation spéciale qu'elle détermine est particulièrement facile à saisir, lorsque le rapport des nombres de vibrations est un nombre entier ou un nombre superparticulier de la forme $\frac{n+1}{n}$.

Sons harmoniques.

On nomme sons harmoniques les sons dont les nombres de vibrations ont pour rapport un nombre entier.

Les sons harmoniques, exprimés par les nombres 1, 2, 3. 4, 5, sont produits simultanément par presque tous les corps sonores, et se distinguent nettement quand le son est grave et soutenu.

Battements doubles.

L'effet des battements doubles est généralement très-peu marqué. Mais quand les deux corps sonores peuvent agir l'un sur l'autre par l'intermédiaire de l'air ou des corps environnants, il se produit des variations périodiques dans l'amplitude des vibrations et à chaque coïncidence, au lieu d'une simple superposition de deux vibrations ayant même amplitude, il se produit dans l'un des corps vibrants une amplitude maximum correspondant à une amplitude minimum dans l'autre. Il en est de même quand deux sons différents sont émis par deux parties différentes d'un même corps, pouvant agir l'une sur l'autre.

Dans ces deux cas les battements doubles se présentent très-distincts, de sorte qu'on entend entre les deux sons une série de chocs périodiques. S'ils se succèdent d'assez près, ils produisent une sorte de roulement ou son distinct que les physiciens ont nommé son résultant. Ce roulement est d'autant plus lent, que les sons diffèrent moins, et disparaît subitement quand ils arrivent à l'unisson. C'est pourquoi l'oreille juge de l'unisson avec beaucoup de facilité et de précision.

En doublant, triplant ou multipliant par un nombre quelconque les nombres de vibrations de deux sons, on fait varier le nombre des battements doubles et des périodes régulières qui se produisent dans un temps donné. Mais il est évident qu'on ne change pas par là la forme de la période et la sensation spéciale qu'elle détermine, et l'on peut déduire de cette remarque ce fait déjà démontré par l'expérience, que la succession ou l'accord de deux sons de même timbre produit une sensation toujours la même, lorsque leur rapport harmonique reste constant.

Les intervalles les plus faciles à apprécier, les plus agréables à entendre sont exprimés par les nombres les plus simples.

La disposition des périodes semblables, que forment les vibrations de deux sons, est d'autant plus régulière et la sensation qu'elle détermine est d'autant plus facile à apprécier, que le rapport des nombres de vibrations est plus simple. La sensation la plus facile à apprécier est aussi la plus facile à retenir et à reconnaître, et celle qui donne le plus de plaisir. Les intervalles les plus faciles à saisir, les plus agréables à entendre sont donc représentés par les nombres les plus simples.

De l'intervalle d'octave.

Après l'unisson donné par deux sons de hauteurs égales et représenté par 1, l'intervalle le plus facile à apprécier, le plus agréable à entendre est l'intervalle d'octave, donné par deux sons dont l'un a deux fois plus de vibrations que l'autre et représenté par 2. Tout le monde en connaît la force, et deux sons qui sont à l'octave s'unissent si parfaitement et se ressemblent si bien, que les musiciens leur donnent le même nom. Ainsi, on accorde aisément un son à l'octave d'un autre par le seul jugement de l'oreille. On passe très-aisément en chantant d'un son à un autre qui est d'une octave plus haut ou plus bas. On suit facilement en chantant à une octave de distance la mélodie jouée par un instrument. Et si deux sons, distants d'une octave, diffèrent par le timbre,

on attribue souvent à la différence de timbre la différence de leurs effets, et l'on croit entendre l'unisson.
C'est pourquoi le chanteur peu exercé, suivant le piano
ou le violon à une octave de distance, croit le suivre à
l'unisson ; c'est pourquoi les femmes et les enfants, chantant une octave plus haut que les hommes, s'imaginent
souvent entonner les mêmes sons.

De l'inversion, du redoublement et du renversement des intervalles.

Que l'on compare le son aigu au son grave ou le son
grave au son aigu, que le rapport des nombres de vibra-
tions soit $\frac{a}{b}$ ou son inverse $\frac{b}{a}$, la succession de périodes
régulières résultant des deux séries de vibrations reste
la même. L'attention de l'esprit peut avoir dans ces deux
circonstances un but différent, le mode d'appréciation
peut changer, mais la sensation à apprécier ne change
pas. On peut donc considérer l'effet d'un intervalle quelconque $\frac{a}{b}$ comme différant très-peu de l'effet produit par
l'intervalle inverse $\frac{b}{a}$.

Si l'on double le nombre des vibrations du son aigu
d'un intervalle, ce qu'on appelle doubler l'intervalle, ou
le nombre des vibrations du son grave, ce qu'on appelle
le renverser, on ne change nullement la disposition des
battements que produisaient les deux sons primitifs. Les
nouveaux battements introduits par l'élévation de l'un
des deux sons se disposent suivant des règles simples,
dans les intervalles des premiers. On peut donc considérer
l'effet d'un intervalle quelconque $\frac{a}{b}$ comme ressemblant

beaucoup à l'effet de son redoublement $\frac{2a}{b}$ ou de son

renversement $\frac{2b}{a}$, et dire que l'on change peu l'effet de l'intervalle de deux sons en substituant à l'un de ces sons son octave supérieure.

· Que l'on double le nombre des vibrations de l'un des sons d'un intervalle, ou que l'on divise par 2 le nombre des vibrations de l'autre, l'intervalle ainsi modifié a la même expression numérique et par suite le même effet. On peut donc considérer l'effet de l'intervalle de deux sons comme peu modifié par la substitution à l'un de ces sons de son octave supérieure ou inférieure.

De la substitution mutuelle des sons très-voisins.

Si, dans une série de sons successifs ou simultanés, la substitution à l'un de ces sons d'un autre son très-voisin peut remplacer des rapports compliqués par des rapports simples, cette substitution, qui facilite l'appréciation et augmente le plaisir qu'elle cause, doit être désirée et attendue par l'esprit, et l'on conçoit que celui qui écoute puisse se méprendre sur la hauteur du son qu'il entend et considérer comme réalisée la substitution qu'il désire et attend. On conçoit aussi que celui qui exécute fasse souvent cette substitution presque malgré lui, de sorte que le chanteur avec sa voix, le musicien avec les instruments à sons variables, ne donnent pas toujours l'intervalle écrit qu'ils veulent reproduire, mais un intervalle plus simple très-voisin.

La simplicité, la régularité des rapports n'est pas seulement une condition nécessaire de la facilité de l'appréciation et du plaisir qu'elle donne; elle est aussi une condition essentielle de la facilité des vibrations simulta-

nées de plusieurs corps sonores, de leur conservation, de
leur transmission par l'air, par les corps environnants et
par les organes de l'ouïe. Aussi, la vitesse de chacun des
mouvements vibratoires produits et transmis simultanément peut-elle être changée par la production et la transmission simultanée, et l'on conçoit que la hauteur de
l'un des sons puisse être modifiée, quand une modification très-légère suffit pour régulariser les vibrations de
l'ensemble.

Ainsi, la substitution, à l'un des sons d'une série musicale, d'un autre son très-voisin donnant avec les autres
sons des rapports plus simples, peut s'effectuer ou par le
corps sonore lui-même, ou par l'air et les corps environnants qui transmettent le son, ou par les organes de
l'ouïe, ou par l'esprit, ou par l'action simultanée de
toutes ces causes.

L'exactitude de ces prévisions est constatée par l'expérience, et l'on reconnaît que lorsqu'un intervalle ne diffère d'autres intervalles plus simples que d'une très-petite
quantité, l'esprit le confond presque toujours avec le plus
simple de ces derniers.

Comma.

On nomme généralement *comma* le rapport de deux
sons assez voisins pour pouvoir se substituer facilement
l'un à l'autre, et l'expérience ayant démontré que cette
substitution se faisait très-souvent pour des sons dont le
rapport est $\frac{81}{80}$, on donne plus particulièrement à ce
rapport le nom de *comma*.

CHAPITRE III.

DES SONS ADMISSIBLES DANS LA MUSIQUE.

L'effet d'une série de plusieurs sons ne dépend que de leurs rapports harmoniques.

Nous avons dit que l'esprit, aidé de l'oreille seule, peut apprécier l'intervalle de deux sons, lorsque leur rapport harmonique est simple; il peut le retenir, le reconnaitre et, réagissant sur ses organes, le reproduire soit par la voix, soit par les instruments. Ce qu'il peut faire pour la succession de deux sons, il le peut aussi pour la succession de plusieurs sons, lorsque leurs rapports harmoniques sont simples et leur succession disposée suivant des règles simples, établissant un certain ordre qui facilite l'appréciation des rapports et peut être lui-même saisi par l'esprit. Cette étude lui est non-seulement possible, mais agréable. Chaque appréciation nouvelle lui est un plaisir, et ce plaisir est d'autant plus vif, que l'appréciation est plus facile.

Lorsqu'une série de sons successifs ou simultanés se présente à l'esprit, il peut percevoir à la fois et sans confusion tous les sons dont elle se compose, et par suite tous les intervalles que peuvent former ces sons combinés deux à deux. L'action de l'ensemble peut être considérée comme le résultat des actions partielles dues à chacun de ces intervalles. Or, l'effet de chaque intervalle dépend seulement du rapport numérique de ses deux sons. Donc l'effet d'une série de plusieurs sons dépend seulement des rapports numériques que présentent ces sons combinés deux à deux, et l'on ne change pas cet effet en multipliant ou divisant par un même nombre tous les sons de la série.

*Conditions nécessaires à la facilité d'appréciation
d'une série de sons.*

Pour qu'une série de plusieurs sons soit facile à apprécier, agréable à entendre, il faut que le rapport de deux sons quelconques, et surtout celui de deux sons successifs, soit simple, parce que l'esprit peut comparer chaque son à l'un quelconque de ceux qui le précèdent, et le plus souvent le compare à celui qui le précède immédiatement. Il faut, de plus, qu'elle présente un ou plusieurs sons dont les rapports avec tous les sons voisins soient particulièrement simples. Ces termes de comparaison sont nécessaires pour que l'ensemble de la série puisse être saisi et retenu. Ils doivent être mis en évidence par la disposition des intervalles, de la mesure et du rhythme, et la nécessité d'appeler et retenir l'attention sur ces points essentiels est l'une des premières règles auxquelles cette disposition doit satisfaire. Ainsi, une série ne peut être facile à apprécier, agréable à entendre, si elle ne présente un ou plusieurs sons tels, que l'un de ces sons étant pris pour unité, tous les autres soient exprimés par des nombres très-simples qui, combinés deux à deux, ne présentent que des rapports simples.

L'appréciation des intervalles sera d'autant plus facile et leur effet d'autant plus agréable, que les sons admis dans la série seront représentés par des nombres plus simples. Mais en diminuant le nombre des sons admis, on diminue le nombre des combinaisons admissibles, et aucune d'elles ne peut se reproduire fréquemment sans cesser de plaire. Car sa répétition ne peut rien apprendre à l'esprit s'il a pu déjà l'apprécier sans avoir eu le temps de l'oublier. Si donc la simplicité, la régularité nécessaires aux combinaisons musicales ne permettent d'admettre

que des nombres simples, la variété qui leur est aussi nécessaire exige l'emploi de tous ceux que leur simplicité
permet d'admettre.

Les limites à établir ne peuvent être absolues, la
facilité de l'appréciation ne dépendant pas seulement
de la forme des séries à apprécier, mais aussi du degré
d'attention et de réflexion que l'esprit apporte à leur
appréciation et de l'habitude plus ou moins grande qu'il
peut en avoir. Une étude plus complète et plus générale de la musique peut étendre son domaine en permettant l'emploi de nombres moins simples, de séries
moins régulières; mais les nombres les plus simples et les
séries les plus régulières donneront toujours les successions les plus faciles à apprécier, les plus agréables à entendre, tant qu'elles ne seront pas trop répétées, et formeront toujours les principaux éléments de la musique,
dont les combinaisons nouvelles viendront seulement re-
nouveler et augmenter l'effet.

De l'emploi exclusif des facteurs premiers 2, 3, 5 dans la formation des rapports harmoniques.

Pour former une série de nombres très-simples qui,
combinés deux à deux, ne donnent que des rapports simples, il faut n'admettre dans ces nombres que des facteurs
premiers très-petits, en très-petit nombre, et répétés un
très-petit nombre de fois.

Les séries qui présenteront les rapports les plus simples
seront formées par les combinaisons des plus petites puissances des plus petits nombres premiers 2, 3, 5. Les sons
que représentent ces combinaisons formeront donc les séries musicales les plus faciles à apprécier, les plus agréables à entendre, et l'on peut admettre que les principaux
éléments de la musique doivent résulter de l'emploi ex-

clusif des facteurs 2, 3 et 5 dans la formation des rapports harmoniques.

L'admission dans les rapports harmoniques des autres nombres premiers 7, 11, 13, 19, etc., donnerait des séries moins faciles à apprécier, moins agréables à entendre. Mais il n'est pas certain qu'elles le fussent assez peu pour nécessiter l'exclusion de ces nombres. On conçoit bien que le nombre des facteurs premiers admis doit être limité; on conçoit aussi que les premiers admis doivent être les plus petits; mais on ne sait pas, *à priori*, pourquoi l'on s'arrêterait au nombre 5 plutôt qu'au nombre 7 ou à tout autre.

Supposant le nombre des facteurs premiers admissibles parfaitement déterminé, on conçoit bien que l'emploi de leurs premières puissances donne des rapports plus simples, et par suite des séries plus faciles à apprécier, plus agréables à entendre que l'emploi de leurs puissances supérieures. On conçoit bien que le degré de la puissance admissible peut être limité pour chacun de ces facteurs; mais on ne voit pas, *à priori*, pourquoi on s'arrêterait à l'une plutôt qu'à l'autre.

C'est à l'expérience qu'il faut recourir pour déterminer ces limites, et, en examinant ses résultats, nous reconnaîtrons que s'ils n'indiquent pas d'une manière précise le degré de la puissance admissible pour chaque facteur, ils indiquent du moins d'une manière suffisante la nécessité de l'emploi exclusif des trois plus petits nombres premiers.

La recherche des facteurs et des puissances admissibles pourrait se faire par des expériences directes. Un nombre $\frac{m}{n}$ étant donné, on peut apprécier l'effet de l'intervalle qu'il représente en produisant, à l'aide de cordes par exemple, deux sons dont le rapport est exactement ce nombre $\frac{m}{n}$. Il suffit de régler une sirène à l'unisson de l'une des cordes pour avoir le nombre de vibrations de cette corde dans une seconde. Soit b ce nombre et a un nombre tel que $\frac{a}{b} = \frac{m}{n}$. En réglant la sirène de manière qu'elle donne a vibrations par seconde, et mettant la deuxième corde à l'unisson de la sirène, on aura pour le rapport des sons des deux cordes $\frac{a}{b} = \frac{m}{n}$. Par ce moyen, ou tout autre, on pourrait former non-seulement des successions de deux sons, mais des séries de plusieurs sons successifs ou simultanés présentant tels rapports que l'on voudrait, et apprécier ainsi l'effet de l'emploi de chaque nombre dans la formation des rapports harmoniques.

Mais, quels que fussent le temps et les soins consacrés à de telles expériences, que seraient-elles, comparées aux expériences incessantes faites par tous les musiciens de tous les temps? Que seraient leurs résultats, comparés aux principes de la musique moderne, résumé des recherches de plusieurs siècles, dont l'exactitude est sans cesse confirmée par le charme des œuvres composées suivant ces principes? Or, la musique moderne n'emploie qu'un nombre très-limité d'intervalles, et l'on peut facilement connaître l'expression numérique de chacun d'eux, en produisant, à l'aide de divers instruments, deux sons qui donnent cet intervalle, et déterminant les nombres de vibrations de chacun de ces sons dans un même temps, le rapport de ces deux nombres étant l'expression de l'intervalle. On reconnaît ainsi que les intervalles de la musique moderne sont tous représentés par les combinaisons des plus petites puissances des trois plus petits nombres premiers 2, 3, 5. Les intervalles les plus faciles à retenir, à reconnaître et à reproduire sont toujours exprimés par les nombres les plus simples. Les intervalles naturels et leurs redoublements, qui forment le fond des séries musicales, sont exprimés par les combinaisons des premières puissances de 2 avec les premières puissances de 3 et 5, 3 et $\frac{1}{3}$, 9 et $\frac{1}{9}$, 5 et $\frac{1}{5}$, et leurs expressions sont toutes de la forme $\frac{n+1}{n}$ ou $\frac{2n}{n+1}$. En multipliant par $\frac{25}{24}$ ou $\frac{24}{25}$ les nombres qui expriment les intervalles naturels et leurs redoublements, on a l'expression de tous les autres intervalles employés dans la musique.

On ne peut cependant soupçonner les musiciens d'aucune préoccupation théorique. L'oreille et le goût ont été leurs seuls guides. Ils se sont toujours peu préoccupés de la première origine des sons qu'ils emploient, et ils en doivent la connaissance non à la théorie, mais au pouvoir secret de la véritable harmonie, pouvoir si puissant, qu'il les a pour ainsi dire forcés, malgré les distances de temps et de lieux, la différence ou le manque des règles, à adopter tous les mêmes sons, les mêmes intervalles.

Il est donc naturel et légitime d'admettre que toutes les combinaisons musicales doivent résulter de l'emploi exclusif des trois plus petits facteurs premiers 2, 3, 5 dans la formation des sons harmoniques, de sorte que tous les sons, tous les intervalles admissibles dans un même discours peuvent s'exprimer par les combinaisons les plus simples des premières puissances de ces trois nombres.

Des sons admissibles dans la musique.

Si l'on multiplie par un même nombre a les nombres de vibrations d'une série de n sons compris entre 1 et a, on a une nouvelle série de n sons compris entre a et a^2 qui sont par rapport à a et a^2 ce qu'étaient les premiers par rapport à 1 et a. Si la première série est formée de manière à donner des rapports plus simples que toute autre série de n sons compris entre 1 et a, la deuxième série donnera des rapports plus simples que toute autre série de n sons compris entre a et a^2. Et si le nombre a est égal à 2, ce qui met la deuxième série à une octave de la première, elle sera aussi celle dont les sons comparés à ceux de la première donnent les rapports les plus simples, de sorte que la réunion de ces deux séries forme une série de $2n$ sons compris entre 1 et 2^2, dont les sons combinés deux à deux donnent les rapports les plus simples.

En appliquant ce raisonnement, comme il est facile de le faire, aux puissances successives de 2, on voit que si l'on a, entre le son pris pour unité et son octave, une série de sons admissibles dans une même partie du discours musical, il suffit d'ajouter aux sons de cette série leurs octaves supérieures et inférieures pour avoir une série aussi étendue qu'on voudra de sons satisfaisant aux mêmes conditions.

Soit A la série des sons représentés dans l'étendue d'une octave par les combinaisons des diverses puissances de 2 et 5 avec les cinq premières puissances de 3. Nous aurons l'expression de cette série en formant les produits des puissances successives de 5 par les cinq premières puissances de 3, qui sont $\frac{1}{3^2}$, $\frac{1}{3}$, 1, 3, 3^2, et multipliant chaque terme ainsi obtenu par une puissance de 2 telle, que le produit soit compris entre 1 et 2.

Expression numérique de la série A.

$$\ldots \frac{128}{125} \quad \frac{132}{125} \quad \frac{144}{125}, \quad \frac{256}{225} \quad \frac{128}{75} \quad \frac{32}{25} \quad \frac{48}{25} \quad \frac{36}{25},$$

$$\frac{2^7}{5^3} \quad \frac{2^6.3}{5^3} \quad \frac{2^4.3^2}{5^3}, \quad \frac{2^8}{3^2.5^2} \quad \frac{2^7}{3.5^2} \quad \frac{2^5}{5^2} \quad \frac{2^4.3}{5^2} \quad \frac{2^2.3^2}{5^2},$$

$$\frac{64}{45}\quad\frac{16}{15}\quad\frac{8}{5}\quad\frac{6}{5}\quad\frac{9}{5},\quad\frac{16}{9}\quad\frac{4}{3}\quad 1\quad\frac{3}{2}\quad\frac{9}{8},\quad\frac{10}{9}\quad\frac{5}{3}\quad\frac{5}{4}\quad\frac{15}{8}\quad\frac{45}{32}$$

$$\frac{2^6}{3^2.5}\quad\frac{2^4}{3.5}\quad\frac{2^3}{5}\quad\frac{2.3}{5}\quad\frac{3^2}{5},\quad\frac{2^4}{3^2}\quad\frac{2^2}{3}\quad 1\quad\frac{3}{2}\quad\frac{3^2}{2^3},\quad\frac{2.5}{3^2}\quad\frac{5}{3}\quad\frac{5}{2^2}\quad\frac{3.5}{2^3}\quad\frac{3^2.5}{2^5}$$

$$\frac{25}{18}\quad\frac{25}{24}\quad\frac{25}{16}\quad\frac{75}{64}\quad\frac{225}{128},\quad\frac{125}{72}\quad\frac{125}{96}\quad\frac{125}{64}\ldots$$

$$\frac{5^2}{2.3^3}\quad\frac{5^2}{2^3.3}\quad\frac{5^2}{2^4}\quad\frac{3.5^2}{2^6}\quad\frac{3^2.5^2}{2^7},\quad\frac{5^3}{2^3.3^2}\quad\frac{5^3}{2^5.3}\quad\frac{5^3}{2^6}\ldots$$

Il est facile de voir que si l'on a entre 1 et 2 un nombre quelconque formé par les puissances de 2, 3 et 5, qui n'appartienne pas à la série A, on trouvera toujours dans cette série un terme plus simple et assez voisin de lui pour que leur rapport soit compris entre l'unité et le comma

$$\frac{81}{80}=\frac{3^4}{2^4.5}.$$

Or, nous avons remarqué que dans une série de sons successifs ou simultanés, si la substitution à l'un d'entre eux d'un autre son très-voisin peut remplacer des rapports compliqués par des rapports plus simples, cette substitution s'effectue généralement ou par le corps sonore, ou par les corps qui transmettent le son, ou par les organes de l'ouïe, ou par l'esprit lui-même, ou par l'action simultanée de tous ces agents.

L'expérience démontre que cette substitution se fait aisément entre deux sons dont le rapport est égal au comma $\frac{81}{80}$ ou plus rapproché de l'unité.

Chacun des sons exprimés par l'une des combinaisons des facteurs 2, 3 et 5 comprises entre 1 et 2 doit donc appartenir à la série A ou se confondre dans la musique avec l'un des termes plus simples appartenant à la série A.

On peut donc considérer cette série comme renfermant tous les sons admissibles dans le discours musical

{(28)}

que l'on peut trouver entre le son pris pour unité et son
octave, et par suite considérer comme seuls admissibles
dans le discours musical les sons de la série A et les octaves de ces sons.

La série A est formée d'une suite de séries de cinq termes
qui résultent des produits de chaque puissance de 5 par
les cinq premières puissances de 3. Le premier terme de
chaque série et le dernier terme de la série précédente
ont pour rapport un comma $\dfrac{81}{80}$. Ils se substituent donc
très-facilement l'un à l'autre. L'un est en rapport plus
simple avec les termes qui le suivent; l'autre est en rapport plus simple avec ceux qui le précèdent. On ne peut
donc négliger ni l'un ni l'autre; mais on peut les confondre dans l'exposé de la théorie, les placer sous la
même dénomination, et prendre le plus simple des deux
pour leur expression commune, sauf à se rappeler dans
la suite la facilité de leur substitution mutuelle.

On arrive ainsi à regarder la série A comme formée
d'une suite de séries de quatre termes, chacune d'elles
correspondant à l'une des puissances de 5.

Expression numérique de la série A.

$$\dots\ \frac{128}{125}\quad \frac{192}{125}\quad \frac{\frac{256}{225}}{\frac{144}{125}},\quad \frac{128}{75}\quad \frac{32}{25}\quad \frac{48}{25}\quad \frac{\frac{36}{25}}{\frac{64}{45}}$$

$$\frac{16}{5}\quad \frac{8}{5}\quad \frac{6}{5}\quad \frac{\frac{9}{5}}{\frac{16}{9}},\quad \frac{4}{3}\quad 1\quad \frac{3}{2}\quad \frac{\frac{9}{8}}{\frac{10}{9}},\quad \frac{5}{3}\quad \frac{5}{4}\quad \frac{15}{8}\quad \frac{\frac{45}{32}}{\frac{25}{18}}$$

$$\frac{25}{24}\quad \frac{25}{16}\quad \frac{75}{64}\quad \frac{\frac{225}{128}}{\frac{125}{96}},\quad \frac{125}{72}\quad \frac{125}{64}\ \dots$$

Dans chacune de ces séries de quatre termes, le rapport d'un terme à celui qui le précède est alternativement $\frac{3}{2}$ et $\frac{3}{4}$. Entre le premier terme de chaque série et le dernier terme de celle qui précède, on a le même rapport divisé par un comma.

Ainsi le rapport d'un terme au précédent est alternativement $\frac{2}{3}$ ou $\frac{3}{4}$ ou l'un de ces nombres divisé par un comma. Le rapport de deux termes également espacés dans cette série est, par suite, toujours le même à une octave et un comma près, et ce rapport est d'autant plus simple, que ces deux termes sont moins éloignés.

On peut donc considérer comme constante, à une octave et un comma près, la valeur des intervalles d'une série de n sons consécutifs quelconques pris dans la série générale, et considérer cette série de n sons consécutifs comme présentant des intervalles plus simples que toute autre série de n sons compris entre le son pris pour unité et son octave.

Si l'on compare à l'unité les termes qui la suivent ou la précèdent dans la série, on voit que du premier au sixième se présente seulement la première puissance de 5, du septième au onzième la deuxième puissance de 5, dans le douzième et ceux qui le suivent les puissances supérieures. Et si l'on compare à un terme quelconque ceux qui le suivent ou le précèdent, on voit qu'il en est ainsi dans l'expression de leurs rapports à ce terme ou exactement ou à un comma près.

Si donc on ne veut admettre dans les rapports des sons d'un même discours que la première puissance de 5, on ne peut avoir dans l'étendue de chaque octave que des séries de sept sons, lesquelles constituent ce que les anciens et les modernes ont appelé le *genre diatonique*.

Si l'on admet la deuxième puissance de 5, on a des séries de douze sons constituant ce que les anciens et les modernes ont appelé le *genre chromatique*.

Si l'on admet des puissances de 5 supérieures à la deuxième, on a des séries de plus de douze sons constituant ce que les Grecs ont appelé le *genre enharmonique*.

Dénomination des sons admissibles, le do étant pris pour unité de son.

Prenons pour unité de son le *do* placé entre les portées de *sol* et de *fa*, et fixé, d'après le diapason normal, à 522 vibrations par seconde. Chaque son sera mesuré et représenté par le nombre de ses vibrations dans $\frac{1}{522}$ de seconde.

Les sons extrêmes de la voix humaine seront alors représentés par $\frac{1}{3}$ et $\frac{5}{3}$ pour l'homme, 1 et 4 pour la femme. Les sons extrêmes du grand orgue, qui comprennent les limites de la voix humaine et celles de tous les autres instruments, sont alors représentés par $\frac{1}{2^4} = \frac{1}{16}$ et $2^4 = 16$.

Le son pris pour unité étant *do*, il est facile de voir que, dans la série A, le terme $\frac{4}{3}$ qui précède immédiatement l'unité représente un *fa*, tandis que les quatre termes qui suivent, $\frac{3}{2}$, $\frac{9}{8}$, $\frac{5}{3}$ et $\frac{5}{4}$, représentent *sol*, *ré*, *la* et *mi*.

Le rapport de chaque terme de la série A à celui qui le précède de sept rangs est toujours $\frac{25}{24}$, ou exactement ou à un comma près. Ce rapport est nommé *dièse*, le rapport inverse est nommé *bémol*, et l'on peut dire que, dans la série A, sept termes consécutifs quelconques sont les dièses des sept termes qui les précèdent et les bémols des sept termes qui les suivent.

On peut donc considérer comme seuls admissibles dans le discours musical, entre le *do* et son octave, les sept sons *fa, do, sol, ré, la, mi, si*, et les sons obtenus en les diésant ou les bémolisant une ou plusieurs fois.

On nomme *double dièse* et *double bémol* la deuxième puissance du dièse $\frac{25}{24}$ et du bémol $\frac{24}{25}$. Ayant désigné par des noms particuliers sept sons qui se suivent dans la série A, on peut désigner tous les autres par les mêmes noms, suivis, selon le rang de chacun d'eux, des mots *dièse* ou *double dièse, bémol* ou *double bémol*.

Pour abréger en écrivant, on représente habituellement le dièse par le signe ✳ placé à côté du son diésé, et l'on représente le bémol par le signe ♭. Les signes ✳✳ et ♭♭ indiquent le double dièse et le double bémol.

Dénomination et expression numérique des sons admissibles dans l'étendue d'une octave.

Série A.

	ré♭♭	*la♭♭*	*mi♭♭*		*si♭♭*
	$\frac{128}{125}$	$\frac{192}{125}$	$\frac{250}{225}$	ou $\frac{144}{125}$	$\frac{128}{75}$

fa♭	*do♭*	*sol♭*		*ré♭*	*la♭*	*mi♭*	*si♭*	
$\frac{32}{25}$	$\frac{48}{25}$	$\frac{36}{25}$	ou $\frac{64}{45}$	$\frac{16}{15}$	$\frac{8}{5}$	$\frac{6}{5}$	$\frac{9}{5}$	ou $\frac{16}{9}$

fa	*do*	*sol*	*ré*		*la*	*mi*	*si*
$\frac{4}{3}$	1	$\frac{3}{2}$	$\frac{9}{8}$	ou $\frac{10}{9}$	$\frac{5}{3}$	$\frac{5}{4}$	$\frac{15}{8}$

$$\overset{\textit{fa}^*}{\dfrac{45}{32}} \text{ ou } \overset{}{\dfrac{25}{18}} \quad \overset{\textit{do}^*}{\dfrac{25}{24}} \quad \overset{\textit{sol}^*}{\dfrac{25}{16}} \quad \overset{\textit{ré}^*}{\dfrac{75}{64}} \quad \overset{\textit{la}^*}{\dfrac{225}{128}} \text{ ou } \dfrac{125}{72} \quad \overset{\textit{mi}^*}{\dfrac{125}{96}} \quad \overset{\textit{si}^*}{\dfrac{125}{64}} \dots$$

On peut désigner par le même nom toutes les octaves supérieures et inférieures d'un même son, et l'on aura ainsi nommé tous les sons admissibles dans le discours musical.

Les huit octaves que comprend le grand orgue étant numérotées à partir de la plus basse, on peut, quand cela est nécessaire, ajouter au nom de chaque son le numéro de l'octave dans laquelle il est placé. Ainsi, le *do*, pris pour unité de son, qui se trouve au milieu du grand orgue et commence la cinquième octave, sera do_5. Les sons extrêmes de la voix humaine seront fa_3 et la_5 pour l'homme, do_5 et do_7 pour la femme.

L'ensemble des sons admis dans une même partie du discours musical forme ce qu'on appelle sa *gamme*.

Nous avons dit que, l'un de ces sons étant pris pour unité, tous les autres doivent être exprimés par des nombres très-simples qui, combinés deux à deux, ne donnent que des rapports très-simples, et nous avons vu qu'on peut considérer comme satisfaisant seuls à ces conditions les sons de la série A et leurs octaves.

Intervalles justes, majeurs et mineurs, augmentés et diminués.

Les nombres qui expriment les sons de la série A peuvent aussi être considérés comme représentant les intervalles formés par chacun d'eux avec le son pris pour unité.

Les deux termes les plus voisins de l'unité qui ne contiennent le facteur 5 ni au numérateur ni au dénominateur sont les deux plus simples. Les intervalles qu'ils représentent sont appelés *justes*.

Les cinq termes suivants ne contiennent que la première puissance de 5 au numérateur. Les intervalles qu'ils représentent sont appelés *majeurs*.

Les sept termes suivants sont tous les $\frac{25}{24}$ des premiers, ou exactement ou à un comma près. Les intervalles qu'ils représentent sont les dièses des intervalles majeurs. On les appelle *augmentés*.

En examinant les termes qui précèdent l'unité, on voit que les cinq termes les plus voisins de l'unité après le premier, qui est $\frac{4}{3}$, contiennent la première puissance de 5 au dénominateur. Les intervalles qu'ils représentent sont appelés *mineurs*.

Les sept termes qui précèdent sont les $\frac{24}{25}$ des premiers, ou exactement ou à un comma près. Les intervalles qu'ils représentent sont les bémols des intervalles mineurs. On les appelle *diminués*.

Les nombres représentant les intervalles mineurs sont, ou exactement ou à un comma près, les $\frac{24}{25}$ des nombres qui représentent les intervalles majeurs correspondants.

Si l'on compare au terme de rang n après l'unité le terme de rang n avant l'unité, on voit que, le premier étant a, le second est $\frac{2}{a}$, ou exactement ou à un comma près. C'est ce que l'on exprime en disant que l'intervalle représenté par l'un est le renversement de l'intervalle représenté par l'autre.

Les nombres qui représentent les intervalles justes, les quatre premiers intervalles majeurs et les quatre premiers intervalles mineurs, ne contiennent pas de puissance de 5 supérieure à 1, ni de puissance de 3 supérieure à 2. Ils sont tous nombres superparticuliers de la forme $\dfrac{n+1}{n}$ ou renversements de nombres superparticuliers de la forme $\dfrac{2n}{n+1}$.

CHAPITRE IV.

DU GENRE DIATONIQUE.

Gamme majeure, gamme mineure, gamme du troisième mode.

Le rapport de deux termes quelconques de la série A contient une puissance de 5 au moins égale à 2, lorsque ces deux termes sont éloignés de plus de six rangs. Si donc on ne veut admettre dans les rapports des sons que la première puissance de 5, on ne peut admettre dans une même partie du discours que sept sons consécutifs de la série A.

On conservera toujours avec le son pris pour unité les deux termes voisins qui donnent les intervalles justes. On évitera l'emploi simultané des intervalles majeurs et mineurs, et, joignant aux deux intervalles justes $\dfrac{3}{2}$, $\dfrac{4}{3}$ tantôt les quatre premiers intervalles majeurs $\dfrac{9}{8}$, $\dfrac{5}{3}$, $\dfrac{5}{4}$, $\dfrac{15}{8}$, tantôt les quatre premiers intervalles mineurs $\dfrac{9}{5}$, $\dfrac{6}{5}$, $\dfrac{8}{5}$, $\dfrac{16}{15}$, on aura deux modes appelés, l'un *majeur*, l'autre *mineur*.

On pourra encore, en conservant dans les deux cas la série des quatre termes qui ne contiennent pas le facteur 5, $\frac{4}{3}$, $\frac{3}{2}$, 1, $\frac{9}{8}$, lui joindre les trois intervalles majeurs qui suivent, $\frac{5}{3}$, $\frac{5}{4}$, $\frac{15}{8}$, ce qui donne le mode majeur déjà trouvé, ou les trois intervalles mineurs qui précèdent, $\frac{9}{8}$, $\frac{6}{5}$, $\frac{8}{5}$, ce qui donne un nouveau mode mineur.

Nous sommes ainsi conduits à l'adoption de trois gammes :

do	ré	mi	fa	sol	la	si	do
1	$\frac{9}{8}$	$\frac{5}{4}$	$\frac{4}{3}$	$\frac{3}{2}$	$\frac{5}{3}$	$\frac{15}{8}$	2

do	ré	mi♭	fa	sol	la♭	si♭	do
1	$\frac{9}{8}$	$\frac{6}{5}$	$\frac{4}{3}$	$\frac{3}{2}$	$\frac{8}{5}$	$\frac{9}{5}$	2

do	ré♭	mi♭	fa	sol	la♭	si♭	do
1	$\frac{16}{15}$	$\frac{6}{5}$	$\frac{4}{3}$	$\frac{3}{2}$	$\frac{8}{5}$	$\frac{9}{5}$	2

La première est la gamme majeure des modernes ; la seconde est la gamme mineure des modernes ; la troisième est la gamme mineure, adoptée par les Grecs et conservée dans le plain-chant : elle n'est pas employée dans la théorie des modernes, mais elle apparaît assez dans la musique pour que plusieurs théoriciens, entre autres Choron, aient déjà cru nécessaire d'en signaler l'existence.

On complète habituellement chaque gamme par l'octave du son pris pour unité, et l'origine du nom de l'octave est précisément le rang qu'elle occupe dans les séries ainsi formées.

Le son et l'intervalle exprimés par $\frac{9}{8}$ sont appelés majeurs, quoique ce nombre ne contienne pas le facteur 5. Le son et l'intervalle exprimés par $\frac{10}{9}$, qui est inférieur d'un comma, méritent plus particulièrement ce nom, et le son $\frac{10}{9}$, substitué au son $\frac{9}{8}$ dans la gamme majeure, donnera souvent des intervalles plus simples. L'expérience montre que cette substitution est fréquente et facile.

Le rapport de deux termes successifs dans chaque gamme est $\frac{9}{8}$ ou $\frac{10}{9}$ ou $\frac{16}{15}$. On nomme souvent *tons* les intervalles exprimés par $\frac{9}{8}$ et $\frac{10}{9}$; on nomme *demi-ton* l'intervalle exprimé par $\frac{16}{15}$, et l'on nomme ces gammes *diatoniques*, parce qu'elles procèdent par tons et par demi-tons.

Comparaison des sons d'une même gamme. — Comparaison des sons de modes différents.

Les deux premiers modes ont trois termes communs, le deuxième, le quatrième et le cinquième. Ils diffèrent par trois termes qui sont le troisième, le sixième et le septième.

Chacun de ces termes dans la gamme mineure est le bémol du terme qui lui correspond dans la gamme majeure.

Les deux derniers modes ne diffèrent que par la valeur du deuxième terme, qui, dans le troisième mode, est le bémol du terme correspondant du deuxième.

En comparant à chaque terme tous ceux qui le suivent et les octaves de ceux qui le précèdent, on a six rapports ou intervalles nommés *secondes*, *tierces*, *quartes*, *quintes*, *sixtes* ou *septièmes*, d'après le rang relatif du terme de comparaison.

Ces intervalles et leurs octaves sont les seuls que puissent présenter les combinaisons successives ou simultanées des sons des gammes et de leurs octaves.

La comparaison des sons d'une même gamme donne pour chaque intervalle trois valeurs différentes.

<table>
<tr><td colspan="3" align="center">Secondes.</td><td colspan="3" align="center">Septièmes.</td></tr>
<tr>
<td align="center">$\dfrac{9}{8}$</td><td align="center">$\dfrac{10}{9}$</td><td align="center">$\dfrac{16}{15}$</td>
<td align="center">$\dfrac{15}{8}$</td><td align="center">$\dfrac{9}{5}$</td><td align="center">$\dfrac{16}{9}$</td>
</tr>
<tr><td colspan="3" align="center">Tierces.</td><td colspan="3" align="center">Sixtes.</td></tr>
<tr>
<td align="center">$\dfrac{5}{4}$</td><td align="center">$\dfrac{6}{5}$</td><td align="center">$\dfrac{32}{27}$</td>
<td align="center">$\dfrac{5}{3}$</td><td align="center">$\dfrac{8}{5}$</td><td align="center">$\dfrac{27}{16}$</td>
</tr>
<tr><td colspan="3" align="center">Quartes.</td><td colspan="3" align="center">Quintes.</td></tr>
<tr>
<td align="center">$\dfrac{4}{3}$</td><td align="center">$\dfrac{27}{20}$</td><td align="center">$\dfrac{45}{32}$</td>
<td align="center">$\dfrac{3}{2}$</td><td align="center">$\dfrac{40}{27}$</td><td align="center">$\dfrac{64}{45}$</td>
</tr>
</table>

La comparaison des sons des deux premiers modes ajoute à ces intervalles huit valeurs nouvelles, outre le dièse et le bémol.

<table>
<tr><td colspan="2" align="center">Secondes.</td><td colspan="2" align="center">Septièmes.</td></tr>
<tr>
<td align="center">$\dfrac{27}{25}$</td><td align="center">$\dfrac{75}{64}$</td>
<td align="center">$\dfrac{50}{27}$</td><td align="center">$\dfrac{128}{75}$</td>
</tr>
<tr><td colspan="2" align="center">Quartes.</td><td colspan="2" align="center">Quintes.</td></tr>
<tr>
<td align="center">$\dfrac{25}{18}$</td><td align="center">$\dfrac{32}{25}$</td>
<td align="center">$\dfrac{36}{25}$</td><td align="center">$\dfrac{25}{16}$</td>
</tr>
</table>

La comparaison des sons des trois modes ajoute à ces intervalles deux valeurs nouvelles :

<table>
<tr><td align="center">Tierce.</td><td align="center">Sixte.</td></tr>
<tr>
<td align="center">$\dfrac{225}{128}$</td><td align="center">$\dfrac{256}{225}$</td>
</tr>
</table>

Plusieurs de ces intervalles ont pour rapport un comma $\dfrac{81}{80}$ et peuvent par suite se substituer facilement l'un à l'autre : on peut donc les placer sous la même dénomination, les confondre dans l'exposé de la théorie et prendre le plus simple des deux pour leur expression commune, sauf à se rappeler dans la suite la possibilité de la substitution.

On réduit ainsi les intervalles de chaque gamme à douze, dont deux ne contenant pas le facteur 5, cinq ayant le facteur 5 au numérateur, cinq ayant le facteur 5 au dénominateur. Ce sont précisément ceux que représentent les douze termes de la série A les plus voisins de l'unité. Les deux premiers doivent à leur simplicité le nom de *justes*. Les seconds sont dits *majeurs* et les troisièmes *mineurs*.

	Secondes			Septièmes	
	majeure.	mineure.		majeure.	mineure.
	$\dfrac{10}{9}$ ou $\dfrac{9}{8}$	$\dfrac{16}{15}$ ou $\dfrac{27}{25}$		$\dfrac{15}{8}$ ou $\dfrac{50}{27}$	$\dfrac{9}{5}$ ou $\dfrac{16}{9}$

	Tierces			Sixtes	
	majeure.	mineure.		majeure.	mineure.
	$\dfrac{5}{4}$	$\dfrac{6}{5}$ ou $\dfrac{32}{27}$		$\dfrac{5}{3}$ ou $\dfrac{27}{16}$	$\dfrac{8}{5}$

	Quartes			Quintes	
	majeure.	juste.		juste.	mineure.
	$\dfrac{25}{18}$ ou $\dfrac{45}{32}$	$\dfrac{4}{3}$ ou $\dfrac{27}{20}$		$\dfrac{3}{2}$ ou $\dfrac{40}{27}$	$\dfrac{36}{25}$ ou $\dfrac{64}{45}$

Chaque intervalle majeur est le dièse de l'intervalle juste ou mineur de même nom. Chaque intervalle mineur est le bémol de l'intervalle juste ou majeur de même nom.

On peut réduire de même à six le nombre des intervalles que donne la comparaison des sons de modes différents. Les uns sont les dièses des intervalles majeurs et les
doubles dièses des intervalles mineurs de même nom. Les
autres sont les bémols des intervalles mineurs et les doubles bémols des intervalles majeurs de même nom. Les
premiers sont dits *augmentés* et les seconds *diminués*.

Seconde augmentée.	Septième diminuée.
$\dfrac{75}{64}$	$\dfrac{128}{75}$
Quinte augmentée.	Quarte diminuée.
$\dfrac{25}{16}$	$\dfrac{32}{25}$
Sixte augmentée.	Tierce diminuée.
$\dfrac{256}{225}$	$\dfrac{225}{128}$

En comparant les secondes aux septièmes, les tierces aux
sixtes, les quartes aux quintes, on voit que chaque intervalle juste est le renversement de l'intervalle juste correspondant, chaque intervalle mineur le renversement de
l'intervalle majeur correspondant, et chaque intervalle di-
minué le renversement de l'intervalle augmenté correspondant.

On nomme *intervalles naturels* les intervalles résultant de la comparaison des sons d'une même gamme. On
nomme *intervalles altérés* ceux qui résultent de la comparaison des sons de gammes différentes.

Les intervalles naturels sont tous exprimés par des
nombres qui ne contiennent pas de puissance de 5 supérieure à la première, ni de puissance de 3 supérieure à la
deuxième, et si l'on excepte la quarte majeure et la quinte
mineure, tous sont exprimés par des nombres superparti-

culiers ou renversements de nombres superparticuliers. Ils doivent être par suite faciles à saisir, agréables à entendre, et en effet ils le sont assez pour que les sons de chaque gamme puissent tous se succéder, tous se placer en ordre variable dans chaque partie du discours musical.

Ainsi, chaque gamme diatonique peut être considérée comme un véritable alphabet musical dont les sons se succèdent et se combinent pour former les éléments de la musique, comme les voyelles et les consonnes se succèdent pour former les syllabes, les mots et les phrases, éléments du langage parlé.

De la génération des sons de la musique par une succession de quintes et de quartes.

Dans chacune des séries de quatre sons qui forment la série A, l'intervalle de deux termes successifs est alternativement une quinte ascendante $\frac{3}{2}$, une quarte descendante $\frac{3}{4}$. Entre le premier son de chaque série et le dernier son de celle qui précède, on a le même intervalle abaissé d'un comma.

On considère souvent les sons admis dans la musique moderne comme résultant tous d'une succession de quartes ascendantes et de quintes descendantes, et l'on suppose ces quintes et ces quartes justes.

Cette hypothèse est exacte dans les passages successifs de *fa* à *do*, *sol*, *ré*; de *la* à *mi*, *si*, *fa**; de *ré*♭ à *la*♭, *mi*♭, *si*♭, le rapport de deux termes successifs étant toujours $\frac{3}{2}$ ou $\frac{3}{4}$ dans chacune de ces séries. Mais, dans le passage de *ré* à *la*, de *si*♭ à *fa*, elle élève d'un comma le deuxième son.

Appliquée à partir du *do*, elle donne pour *fa*, *sol* et *ré* leurs valeurs exactes ; elle abaisse *si*♭, *mi*♭, *la*♭, *ré*♭ d'un comma ; *sol*♭, *do*♭, *fa*♭, *si*♭♭ de deux commas, et ainsi de suite ; elle élève *la*, *mi*, *si*, *fa*✳ d'un comma ; *do*✳, *sol*✳, *ré*✳, *la*✳ de deux commas ; *mi*✳, *si*✳, *fa*✳✳, *do*✳✳ de trois commas, et ainsi de suite.

Comma maxime.

La valeur ainsi attribuée à *si*✳ est supérieure à l'octave du *do*. Leur rapport $\frac{3^{12}}{2^{19}}$ est un peu plus grand que le comma. Il est appelé *comma maxime*.

La valeur réelle de *si*✳ étant d'une seconde diminuée au-dessous de l'octave du *do*, le comma maxime est le rapport de la troisième puissance du comma à la seconde diminuée.

Hypothèse de Pythagore.

Le comma maxime est appelé *comma de Pythagore*, l'hypothèse de la succession des quintes et quartes justes n'étant que la traduction de la théorie de son école qui considérait tous les sons de la musique comme représentés par les combinaisons des puissances successives de 2 et de 3.

Valeurs attribuées aux sons de la musique par le système de Pythagore.

do	sol	ré	la	mi	si	fa✳	do✳	sol✳	ré✳	la✳	mi✳	si✳
1	$\frac{3}{2}$	$\frac{3^2}{2^3}$	$\frac{3^3}{2^4}$	$\frac{3^4}{2^6}$	$\frac{3^5}{2^7}$	$\frac{3^6}{2^9}$	$\frac{3^7}{2^{11}}$	$\frac{3^8}{2^{12}}$	$\frac{3^9}{2^{14}}$	$\frac{3^{10}}{2^{15}}$	$\frac{3^{11}}{2^{17}}$	$\frac{3^{12}}{2^{18}}$

ré♭♭	la♭♭	mi♭♭	si♭♭	fa♭	do♭	sol♭	ré♭	la♭	mi♭	si♭	fa	do
$\frac{2^{19}}{3^{12}}$	$\frac{2^{18}}{3^{11}}$	$\frac{2^{16}}{3^{10}}$	$\frac{2^{15}}{3^9}$	$\frac{2^{13}}{3^8}$	$\frac{2^{12}}{3^7}$	$\frac{2^{10}}{3^6}$	$\frac{2^8}{3^5}$	$\frac{2^7}{3^4}$	$\frac{2^5}{3^3}$	$\frac{2^4}{3^2}$	$\frac{2^2}{3}$	1

Sept sons consécutifs quelconques de la série A forment une gamme diatonique.

L'intervalle de deux sons également espacés dans la série A est toujours le même, à une octave et un comma près. Une série de sept sons consécutifs quelconques, pris dans la série A, présente donc toujours les mêmes intervalles, à une octave et un comma près. On peut donc, en prenant pour unité le deuxième son de cette série, lui appliquer ce que nous avons dit des sept sons de la gamme majeure de *do*, dont les intervalles disposés dans le même ordre sont, à un comma près, égaux à ceux qu'elle présente, et considérer ces sept sons comme formant une gamme majeure dont l'unité est le deuxième son.

On voit de la même manière que ces sept sons peuvent être considérés comme formant une gamme mineure du mode moderne dont le cinquième son est l'unité, ou une gamme mineure du mode ancien dont l'unité est le sixième son.

Ainsi, les sept sons qui forment la gamme majeure de *do* peuvent être aussi considérés comme formant une gamme mineure du mode moderne ayant *la* pour unité, ou une gamme du mode ancien ayant *mi* pour unité.

Le discours formé des sons d'une gamme diatonique est dit écrit dans le ton de la première note de cette gamme, et cette note, qui est le son pris pour unité, est appelée tonique, parce qu'elle donne son nom au ton.

Ainsi sept sons consécutifs quelconques de la série générale peuvent être considérés comme formant une gamme du mode majeur dont la tonique est le deuxième son, ou une gamme du mode mineur dont la tonique est le cinquième son, ou une gamme du troisième mode dont la tonique est le sixième son.

Les trois tons de modes différents, formés par les mêmes sons, sont appelés *tons relatifs*. La tonique du premier est d'une sixte majeure au-dessous de celle du deuxième, et d'une tierce majeure au-dessous de celle du troisième.

On appelle *tons prochains* les tons dont les gammes ont six sons communs.

CHAPITRE V.

DU GENRE CHROMATIQUE ET DU GENRE ENHARMONIQUE.

Gammes chromatiques.

Si, pour donner au discours plus d'éléments de variété et d'expression, on admet dans le rapport des sons la deuxième puissance du facteur 5, on peut admettre dans chaque gamme douze sons consécutifs de la série A. Mais on ne peut en admettre un plus grand nombre, le rapport de deux termes de la série A contenant toujours une puissance de 5 au moins égale à 3, lorsque ces termes sont éloignés de plus de onze rangs.

On aura deux des formes les plus simples que puissent prendre les gammes ainsi formées, en joignant aux sept sons de la gamme majeure, ou les cinq premiers bémols, ou les cinq premiers dièses :

$$\text{do} \quad \text{ré}\flat \quad \text{ré} \quad \text{mi}\flat \quad \text{mi} \quad \text{fa} \quad \text{sol}\flat \quad \text{sol} \quad \text{la}\flat \quad \text{la} \quad \text{si}\flat \quad \text{si} \quad \text{do}$$

$$1 \quad \frac{16}{15} \quad \frac{9}{8} \quad \frac{6}{5} \quad \frac{5}{4} \quad \frac{4}{3} \quad \frac{64}{45} \quad \frac{3}{2} \quad \frac{8}{5} \quad \frac{5}{3} \quad \frac{9}{5} \quad \frac{15}{8} \quad 2$$

$$\text{do} \quad \text{do}\text{\#} \quad \text{ré} \quad \text{ré}\text{\#} \quad \text{mi} \quad \text{fa} \quad \text{fa}\text{\#} \quad \text{sol} \quad \text{sol}\text{\#} \quad \text{la} \quad \text{la}\text{\#} \quad \text{si} \quad \text{do}$$

$$1 \quad \frac{25}{24} \quad \frac{9}{8} \quad \frac{75}{64} \quad \frac{5}{4} \quad \frac{4}{3} \quad \frac{25}{18} \quad \frac{3}{2} \quad \frac{25}{16} \quad \frac{5}{3} \quad \frac{225}{128} \quad \frac{15}{8} \quad 2.$$

Ces gammes sont appelées *chromatiques*, parce que leur emploi peut donner au discours plus de variété, plus de couleur.

L'intervalle formé par deux termes successifs de chacune d'elles est toujours l'une des secondes mineures $\frac{16}{15}$, $\frac{27}{25}$, ou le dièse $\frac{25}{24}$. Le dièse est souvent nommé *seconde chromatique*.

Le genre chromatique subdivise l'intervalle d'octave en sept secondes mineures et cinq secondes chromatiques, tandis que le genre diatonique le subdivise en cinq secondes majeures et deux secondes mineures.

La seconde majeure étant appelée *ton*, la seconde mineure et la seconde chromatique sont souvent appelées *demi-tons*, et l'on peut dire que la gamme chromatique est formée de douze demi-tons, tandis que la gamme diatonique est formée de cinq tons et deux demi-tons.

On peut considérer chaque gamme chromatique comme résultant de la subdivision de chaque seconde majeure d'une gamme diatonique par l'introduction d'un dièse ou d'un bémol.

Chaque seconde majeure est le dièse d'une seconde mineure : $\frac{9}{8} = \frac{25}{24} \times \frac{27}{25}$; $\frac{10}{9} = \frac{25}{24} \times \frac{16}{15}$.

Si on la subdivise par l'introduction du bémol du son le plus élevé, ce bémol est la seconde mineure du son le moins élevé. Si on la subdivise par l'introduction du dièse du son le moins élevé, le son le plus élevé est la seconde mineure de ce dièse.

Tendance ascendante des dièses.

La seconde chromatique est un peu plus petite que la seconde mineure, mais elle est moins simple. Le dièse

d'un son est donc plus près de ce son que de sa seconde
majeure. Mais la différence étant très-faible et le second
rapport étant plus simple que le premier, le son supérieur succède au dièse plus naturellement que le son inférieur. Ainsi, après *sol**, *la* arrive plus facilement que *sol*,
et après *si*, *do* arrive plus facilement que *si*♭. C'est ce
qu'on exprime en disant que les dièses ont une tendance
à monter.

Tendance descendante des bémols.

Le bémol d'un son est aussi plus près de ce son que
d'un autre son placé à une seconde majeure au-dessous.
Mais la différence étant très-faible et le second rapport
étant plus simple que le premier, le son inférieur succède au bémol plus naturellement que le son supérieur.
Ainsi, après *la*♭, *sol* vient plus facilement que *la*, et
après *fa*, *mi* vient plus facilement que *fa**. C'est ce
qu'on exprime en disant que les bémols ont une tendance
à descendre.

Les deux tendances opposées des dièses et des bémols
sont surtout marquées dans les gammes qu'ils forment :
la tendance ascendante, dans la gamme chromatique
formée par les dièses ; et la tendance descendante, dans la
gamme chromatique formée par les bémols.

La seconde chromatique est plus petite que la seconde mineure.

La seconde mineure étant un intervalle plus attractif
que la seconde chromatique, beaucoup de musiciens en
ont conclu qu'elle était aussi plus petite. Ainsi ils suppo-
sent *do** plus près de *ré* que de *do*, *mi* plus près de *fa*
que de *mi*♭, *si* plus près de *do* que de *si*♭. Quelques expé-

riences mal observées ou mal interprétées les ont con-
firmés dans cette pensée.

Les résultats de la théorie leur sont cependant opposés,
et il est facile de les confirmer par l'expérience en comparant par la mesure des longueurs de corde vibrante sur
le sonomètre, ou le compte des vibrations sur la sirène,
un certain nombre de sons faciles à apprécier, par exemple
la quarte *fa* et la tierce majeure *mi* dont l'intervalle est
la seconde mineure, la tierce majeure *mi* et la tierce mineure *mi* bémol dont l'intervalle est la seconde chromatique.

On a souvent considéré tous les sons de chaque octave
comme résultant d'une succession de quintes ascendantes
et de quartes ascendantes, en supposant ces quintes et ces
quartes justes. Quelques écrivains ont déduit de cette
hypothèse la valeur de tous les sons. Ils ont ainsi trouvé
pour chaque dièse une valeur supérieure d'environ un
comma à celle du bémol qui lui correspond, et ils en ont
conclu que la seconde chromatique est supérieure à la
seconde mineure, ce qui est contraire à la vérité. Ils au-
raient dû remarquer que l'hypothèse prise pour point de
départ n'est pas exacte et altère de trois commas le rapport de chaque dièse au bémol qui lui correspond. Elle
place le dièse au-dessus du bémol d'environ un comma,
tandis que ce dièse est au-dessous du bémol d'une seconde
diminuée, qui fait environ deux commas.

Ainsi, appliquée à partir du *do*, en montant par
quinte jusqu'à *do* dièse, et descendant par quinte jusqu'à
ré bémol, elle élève le *do* dièse de deux commas et
abaisse le *ré* bémol d'un comma.

La gamme chromatique n'est pas un véritable alphabet musical.

Le rapport de deux termes successifs d'une gamme chromatique est une seconde mineure ou un dièse. Mais le rapport d'un terme quelconque à l'unité ou à un autre terme peut être beaucoup moins simple et par suite trop difficile à saisir. Ainsi le *la** et le *do*, le *ré** et le *do* ne sauraient se succéder dans le discours. On ne pourrait les placer dans une même phrase qu'en conservant les sons intermédiaires dont les rapports successifs, simples et réguliers, rendraient le passage acceptable.

Une gamme chromatique n'est pas, comme une gamme diatonique, une réunion de sons en rapports très-simples avec l'unité, en rapports simples entre eux, pouvant tous se succéder, tous se placer en ordre variable dans la même phrase. Elle n'est pas un véritable alphabet musical, mais plutôt la réunion d'éléments propres à former d'autres alphabets, d'autres gammes diatoniques en relations simples avec la gamme primitive.

Enharmonie. — Genre enharmonique.

Pour donner au discours plus d'éléments de variété et d'expression, on peut essayer l'emploi dans les rapports des sons des puissances de 5 supérieures à la deuxième, et admettre dans la même gamme des sons éloignés de plus de douze rangs dans la série A.

Le rapport de deux termes quelconques de cette série est d'autant moins simple, qu'ils y sont plus éloignés, et, quand ils sont éloignés de douze rangs, ce rapport est une seconde diminuée. L'admission de termes éloignés de plus de onze rangs introduit donc dans la gamme ou la seconde diminuée, ou un intervalle moins simple.

La seconde diminuée est le bémol de la seconde mineure et le double bémol de la seconde majeure. Elle est souvent nommée *quart de ton*, parce que sa quatrième puissance est à peu près égale à un ton.

On nomme *enharmonie* la relation de deux sons dont l'intervalle est une seconde diminuée. On nomme ces sons *enharmoniques*, et l'on appelle *genre enharmonique* le mode de subdivision de l'octave dans lequel ils sont admis.

L'extrème voisinage de ces sons permet de les substituer l'un à l'autre assez facilement. Leur emploi paraît, pour ce motif, assez inutile.

La complication de leur intervalle le rend très-difficile à saisir et à retenir, à reconnaître et à reproduire. Leur emploi paraît, pour ce motif, très-difficile dans la mélodie et presque impossible dans l'harmonie.

Ils ont été cependant toujours admis dans la théorie de la musique grecque, et tous les auteurs anciens considèrent la musique comme présentant trois genres ou modes de subdivision de l'intervalle de quarte, qui sont le *diatonique*, le *chromatique* et l'*enharmonique*.

Il se peut que les Grecs aient réellement employé quelquefois ce troisième genre. Son emploi s'expliquerait par les conditions particulières dans lesquelles ils étaient placés. L'harmonie telle que nous l'entendons, c'est-à-dire l'audition d'une série de sons simultanés, leur était très-peu connue. La mélodie, qu'ils employaient presque exclusivement, était le plus souvent exécutée par des instruments à sons fixes, ou chantée avec accompagnement de l'un de ces instruments jouant à l'unisson ou à l'octave de la voix. Les difficultés d'intonation étaient ainsi évitées à l'instrumentiste par la disposition de son instrument, et singulièrement diminuées pour le chanteur, que cet instrument guidait sans cesse.

Malgré ces circonstances si différentes de celles dans lesquelles la musique moderne s'est placée, le genre enharmonique ne passa que rarement et difficilement de la théorie à la pratique. Les musiciens refusaient de l'admettre, soutenant que le rapport enharmonique n'est pas du nombre des choses qui tombent sous le sens de l'ouïe, et ajoutant que cet intervalle ne peut entrer dans la symphonie ou consonnance. De l'aveu même de Plutarque qui le regrette, on ne sait pourquoi, car il avoue ne l'avoir jamais entendu, le genre enharmonique était entièrement en désuétude, non-seulement de son temps, mais longtemps avant lui.

Plusieurs écrivains ont cru le retrouver dans la musique étrangère, ancienne ou moderne, chez les Indiens, les Arabes, les Gallois. Il se peut qu'en effet ceux-ci introduisent dans leurs chants quelques intervalles étrangers que notre système musical ne nous permet pas d'exprimer. Mais personne n'a mesuré ces intervalles, et l'on peut douter qu'ils soient retenus, reconnus et exactement reproduits par ceux qui les emploient. Ces modulations vagues, difficiles à saisir et à retenir, peuvent être parfois agréables, mais ne peuvent faire partie d'aucun genre de musique défini. Elles ne sont pas le résultat d'une science particulière à ces peuples, mais plutôt le résultat de leur manque de savoir.

Quelques savants de nos jours ont entrepris de faire revivre le genre enharmonique, et l'un d'eux a joint la pratique à la théorie, en construisant un orgue dont les sons successifs sont à un quart de ton d'intervalle. Il se peut que sur cet orgue on ait obtenu de la musique très-acceptable, car, outre les quarts de ton, l'on y trouve les tons, les demi-tons et les intervalles qui en dérivent, de sorte que l'on peut employer les intervalles habituels en négligeant les quarts de ton, ou n'employer ceux-ci

qu'accidentellement, et les glisser sur des temps faibles.
Il se peut que dans ces conditions leur introduction ne
soit pas sans charme. Mais les résultats obtenus n'ont
pas paru suffisants pour justifier l'innovation proposée,
et le genre enharmonique est resté chez les modernes ce
qu'il fut probablement chez les anciens, une spéculation
théorique que l'expérience refuse de consacrer.

Substitution mutuelle des sons enharmoniques.

Nous avons remarqué que dans une série de sons successifs ou simultanés, si la substitution à l'un d'entre
eux d'un autre son très-voisin peut remplacer des rapports compliqués par des rapports plus simples, cette
substitution s'effectue généralement ou par le corps sonore, ou par les corps qui transmettent le son, ou par
les organes de l'ouïe, ou par l'esprit lui-même, ou par
l'action simultanée de toutes ces causes. L'expérience
démontre que cette substitution se fait aisément entre
deux sons dont le rapport est une seconde diminuée. Ainsi
l'on confond facilement un son avec le double bémol de
sa seconde majeure, le dièse d'un son avec le bémol de sa
seconde majeure, le double dièse d'un son avec sa seconde
majeure; par exemple, *do* avec *ré* double bémol, *do* dièse
avec *ré* bémol, *do* double dièse avec *ré*.

La seconde diminuée $\dfrac{128}{125}$ ou $\dfrac{648}{625}$ étant plus grande que

le comma $\dfrac{81}{80}$, la substitution des sons dont le rapport est

une seconde diminuée est moins facile et par suite moins
fréquente que celle des sons dont le rapport est un comma.

Tempérament.

Elle est cependant appliquée d'une manière générale à
tous les instruments à sons fixes tels que l'orgue, le piano,

la harpe, pour diminuer le nombre des parties de ces instruments et faciliter leur emploi.

Chaque octave dans ces instruments ne présente que
douze notes, et ces notes doivent suffire pour l'exécution
de toute la musique moderne. Celle-ci emploie cependant, outre les sept sons de la gamme majeure, leurs dièses
et leurs bémols, leurs doubles dièses et leurs doubles bémols. Mais en admettant la substitution des sons enharmoniques, on peut confondre les cinq premiers dièses
avec les cinq premiers bémols qui sont d'une seconde diminuée au-dessus, confondre avec les sept sons de la
gamme majeure les deux derniers bémols et les cinq premiers doubles bémols qui sont d'une seconde diminuée
au-dessus, ou les deux derniers dièses et les cinq premiers doubles dièses qui sont d'une seconde diminuée
au-dessous, et réduire ainsi à douze le nombre des notes
nécessaires dans chaque octave.

*Sons enharmoniques à représenter par chacune des
douze notes de l'octave dans les instruments à sons
fixes.*

```
si♯   do♯   do♯♯   ré♯        mi♯         fa♯♯ sol♯      la♯
do    ré♭   ré     mi♭   mi   fa   fa♯    sol    la♭  la  si♭  si
ré♭♭         mi♭♭        fa♭  sol♭♭ sol♭  la♭♭        si♭♭    do♭
```

Chaque note d'un instrument à sons fixes pouvant être
appelée à représenter deux ou même trois sons différents,
on doit choisir pour la valeur réelle à lui donner ou la valeur exacte de l'un d'eux ou une valeur intermédiaire.
On nomme tempéraments les diverses méthodes employées pour cet objet.

Accord par quintes et octaves justes.

La méthode qui nous paraît la meilleure est l'accord
par quintes justes et octaves justes. Elle est la plus facile

à appliquer, ces deux intervalles étant les plus faciles à reconnaître.

Cette méthode est la réalisation matérielle de la théorie souvent employée qui considère tous les sons comme résultant d'une succession de quintes ascendantes et de quartes descendantes, et suppose ces quintes et ces quartes justes.

Appliquée à partir du *do*, en montant par quinte jusqu'à *fa* dièse et descendant par quinte jusqu'à *ré* bémol, elle donne à *fa*, *do*, *sol*, *ré* leurs valeurs exactes, elle élève d'un comma *la*, *mi*, *si*, *fa* dièse, elle abaisse d'un comma *si* bémol, *mi* bémol, *la* bémol, *ré* bémol.

Les quatre premières notes reçoivent ainsi la valeur des quatre sons les plus employés et les plus essentiels, *fa*, *do*, *sol*, *ré*, et chacune d'elles se trouve à égale distance des deux autres sons qu'elle peut avoir à représenter. Chacune des huit autres se trouve aussi entre les deux sons qu'elle doit représenter et presque à égale distance de l'un et de l'autre. Les tierces et les sixtes majeures sont élevées d'un comma. Les tierces et les sixtes mineures sont abaissées d'un comma. Mais les quintes et les quartes sont toutes justes, et c'est le point le plus essentiel, les intervalles les plus simples étant ceux qui supportent le moins les altérations.

Résumé des principaux résultats indiqués.

Résumant ce qui précède, nous voyons qu'en faisant abstraction de la durée, de l'intensité et du timbre pour ne considérer que la hauteur, on peut mesurer et représenter les sons par les nombres de vibrations de chacun d'eux dans un même temps. Le son dont chaque vibration a pour durée le temps pris pour terme de comparaison est l'unité de son.

Deux sons dont le rapport numérique est constant faisant toujours entendre le même intervalle, les intervalles peuvent se représenter par des nombres. Les intervalles les plus faciles à saisir, les plus agréables à entendre sont toujours exprimés par les nombres les plus simples.

Une série musicale, pour être facile à apprécier, agréable à entendre, doit présenter un ou plusieurs sons tels, que l'un d'eux étant pris pour l'unité, les autres soient exprimés par des nombres très-simples qui, combinés deux à deux, ne donnent que des rapports simples. Elle ne doit donc admettre que les sons et les intervalles exprimés par les combinaisons des premières puissances des plus petits facteurs premiers. L'expérience indique comme constant et nécessaire l'emploi exclusif des facteurs premiers 2, 3, 5.

Excluant de la formation des rapports harmoniques les facteurs premiers autres que 2, 3, 5, et admettant la substitution mutuelle des sons dont le rapport est un comma $\frac{81}{80}$, on peut considérer comme seuls admissibles dans le discours musical les sons de la série A et leurs octaves.

La série A est formée des sept sons de la gamme majeure et des sons obtenus en les diésant, ou les bémolisant une ou plusieurs fois. Elle peut être considérée comme une succession de quintes ascendantes et de quartes descendantes.

Si l'on n'admet dans les rapports des sons d'un même discours que la première puissance de 5, on a des gammes de sept sons, on a le genre diatonique qui subdivise l'intervalle d'octave en cinq secondes majeures et deux secondes mineures, ce qui fait cinq tons et deux demi-tons.

Si l'on admet la deuxième puissance de 5, on a des gammes de douze sons, on a le genre chromatique qui subdivise l'intervalle d'octave en sept secondes mineures et cinq secondes chromatiques, ce qui fait douze demi-tons.

Si l'on admet les puissances de 5 supérieures à la deuxième, on a le genre enharmonique, et l'on introduit dans la subdivision de l'octave ou l'intervalle de seconde diminuée ou des intervalles moins simples.

L'expérience ayant refusé de consacrer l'emploi de ces intervalles, on peut considérer le genre diatonique aidé du genre chromatique comme la seule base essentielle que la musique ait jamais pu et puisse jamais avoir.

CHAPITRE VI.

DE LA TONALITÉ.

Des consonnances et des dissonances.

Un intervalle quelconque peut être employé de deux manières. On peut faire entendre l'un après l'autre les deux sons dont il est formé. Il devient alors l'élément de la mélodie, qui n'est autre chose qu'une suite de sons entendus l'un après l'autre. Si l'on fait, au contraire, entendre les deux sons à la fois, ils produisent un accord, et leur intervalle devient l'élément de l'harmonie, qui n'est autre chose qu'une succession d'accords ou la réunion de plusieurs mélodies qui s'accordent entre elles.

On nomme *consonnants* les intervalles qui sont très-faciles à saisir, très-agréables à entendre, et *dissonants* les intervalles peu faciles à saisir, peu agréables à entendre. On nomme *consonnance* le son qui forme avec un autre un intervalle consonnant, et *dissonance* le son qui forme un intervalle dissonant. Mais on applique souvent ces deux termes aux intervalles eux-mêmes.

L'accord ou la succession de deux sons ne peut être saisi par l'esprit et lui être agréable s'il n'aperçoit pas le rapport qui règne entre eux, et ce rapport se découvre d'autant plus aisément, qu'il peut s'exprimer par de plus petits nombres.

L'accord ou la succession de sons en rapports simples est donc une consonnance. Son audition satisfait l'oreille et donne une sensation de repos, de bien-être que l'on pourrait expliquer par celle d'un calcul réussi.

L'accord ou la succession de sons en rapports peu simples est une dissonance. Entendue isolément, elle est désagréable ; mais placée avant une série de sons en rapports simples entre eux et de plus en rapports simples avec les premiers, elle éveille l'attention de l'esprit, l'oblige au travail et augmente de beaucoup le plaisir causé par la consonnance qu'elle précède.

Une succession prolongée de consonnances fatigue vite parce que, les consonnances étant peu nombreuses, elle nécessite des répétitions qui n'apprennent plus rien à l'esprit.

Une succession de dissonances fatigue plus vite encore. Elle ne satisfait jamais. L'esprit ne peut la saisir, parce que la dissonance n'est rien sans la consonnance dont elle est la préparation, dont elle renouvelle l'effet.

La musique, mélodie et harmonie, n'est qu'une succession habilement combinée de consonnances et de dissonances, succession simple et très-sobre de dissonances lorsque l'art est à son enfance, lorsque l'oreille et l'esprit ne sont pas exercés, mais dont les ressources augmentent sans cesse avec la culture des esprits, parce que ceux-ci, par l'étude, arrivent à distinguer plus aisément les rapports moins simples.

La mesure et le rhythme, par l'emploi de durées et d'intensités variables, permettent à la musique d'appeler et de retenir l'attention sur les points essentiels et facilitent l'introduction de rapports moins simples, parce qu'ils permettent de glisser ces rapports sur les temps faibles, en amenant le plus souvent les consonnances sur les temps forts.

Caractères des divers intervalles, justes, majeurs
et mineurs.

Les intervalles résultant de la comparaison des sons d'une même gamme sont tous exprimés par des nombres qui ne contiennent pas de puissance de 5 supérieure à la première, ni de puissance de 3 supérieure à la deuxième, et si l'on excepte la quarte majeure et la quinte mineure ils sont tous exprimés par des nombres superparticuliers ou renversements de nombres superparticuliers. Ils doivent être par suite faciles à saisir, agréables à entendre, et, en effet, ils le sont assez pour que chaque gamme diatonique puisse être considérée comme un véritable alphabet musical dont les sons peuvent tous se succéder, tous se placer en ordre variable dans la même phrase musicale.

Les deux intervalles exprimés par les plus petits nombres $\frac{3}{2}$ et $\frac{4}{3}$ sont les plus faciles à saisir, les plus agréables à entendre, et méritent par là le nom de *justes*.

Les intervalles majeurs et mineurs sont exprimés par des nombres un peu plus grands et contenant le facteur 5, de sorte que dans la disposition des périodes régulières semblables résultant de l'union des deux sons, ils amènent, sur l'une des deux séries de vibrations qui forment chaque période, le mode de division par 5 moins facile à saisir que le mode de division par 3. Ils sont par suite moins faciles à saisir et moins agréables que les intervalles justes.

Les intervalles mineurs sont exprimés par des nombres

un peu plus grands que les intervalles majeurs de même nom, et présentent le facteur 5 au dénominateur, de sorte qu'ils amènent le mode de division le plus difficile à saisir sur la série formée par les vibrations du son le plus grave, du son pris pour terme de comparaison. Ils sont par suite moins faciles à saisir et généralement moins agréables que les intervalles majeurs. Ils exigent une attention plus complète. La sensation qu'ils produisent est plus vague et plus profonde. Leur emploi donne à la musique un caractère plus tendre et plus plaintif.

Nous avons vu qu'après l'unisson représenté par 1, l'intervalle le plus facile à saisir, le plus agréable à entendre, était l'intervalle d'octave représenté par 2. Tout le monde en connaît la force, et deux sons qui sont à l'octave s'unissent si parfaitement et se ressemblent si bien, que les musiciens leur donnent le même nom. L'octave est la plus facile et la plus agréable des consonnances.

Après l'unisson et l'octave, l'intervalle le plus facile à saisir, le plus agréable à entendre, est l'intervalle de quinte représenté par $\frac{3}{2}$. Aussi les musiciens donnent-ils le second rang à la quinte parmi les consonnances.

L'octave et la quinte satisfont immédiatement l'esprit et leur donnent une sensation très-marquée de plaisir et de repos. Ces deux consonnances étant les plus faciles et les plus agréables sont appelées *consonnances parfaites*.

L'oreille saisit très-facilement l'intervalle de quinte, de sorte qu'il est très-aisé d'accorder un son à la quinte d'un autre. C'est pourquoi les instruments à sons fixes s'accordent le plus souvent par quintes et par octaves. C'est pourquoi sur les violons les quatre cordes montent par quintes, la première étant *sol*, la seconde *ré*, la troisième *la* et la quatrième *mi*. Cependant une quinte ne s'accorde pas encore aussi facilement qu'une octave, et la quinte au-dessus de l'octave, qui est exprimée par le rapport de 3 à 1, est aussi plus facile à accorder que la quinte simple, exprimée par le rapport de 3 à 2.

La quarte juste, la tierce et la sixte majeures, la tierce et la sixte mineures, étant exprimées par de plus grands nombres, ne sont pas aussi faciles à saisir, aussi agréables à entendre que l'unisson, l'octave et la quinte. Elles plaisent cependant encore et méritent le nom de *consonnances*. Mais on leur donne le nom de *consonnances imparfaites*, parce qu'elles ne donnent pas à l'esprit le sentiment du repos.

La seconde et la septième majeures, la seconde et la septième mineures, étant exprimées par des nombres plus grands encore, ne sont plus comptées parmi les consonnances. Elles ne peuvent plaire par elles-mêmes et ne satisfont l'esprit que par leur enchaînement avec les consonnances. On leur donne le nom de *dissonances*.

Les intervalles de quinte mineure et de quarte majeure sont exprimés par des nombres beaucoup plus grands que tous les autres intervalles naturels. Aussi sont-ils de beaucoup les moins faciles à saisir, les moins agréables à entendre. La quinte mineure et la quarte majeure sont donc les dissonances les plus marquées que puissent former deux sons d'une gamme diatonique.

Caractère des divers degrés de la gamme.

Le discours formé des sons d'une gamme diatonique est dit être dans le ton du premier degré de cette gamme. Ce premier degré, qui est le son pris pour unité, est appelé *tonique*, parce qu'il donne son nom au ton.

Supposons une mélodie formée exclusivement des sons d'une gamme diatonique.

L'esprit peut percevoir, à la fois et sans confusion, tous

les sons qui la composent. Il cherche toujours à découvrir
les rapports qui règnent entre eux, et comme la tonique
forme avec tous les autres sons des rapports particulièrement simples, il voit ces rapports plus facilement et avec
plus de plaisir. L'audition de la tonique lui donne le terme
de comparaison le plus utile pour l'appréciation de l'ensemble. Cette audition, qu'il attend et désire, est pour lui
comme la réussite du calcul, comme la résolution du problème. Elle lui donne une sensation toute particulière de
plaisir et de repos.

La tonique et son octave présentent à peu près le même
caractère. Elles s'unissent si parfaitement et se ressemblent si bien, qu'on peut les considérer comme remplis-
sant le même rôle dans le discours musical.

Le cinquième degré, exprimé par $\frac{3}{2}$, ne donne pas
aussi complétement le sentiment du repos. Mais il est,
après la tonique, celui qui satisfait le plus l'oreille, celui
qui facilite le plus l'appréciation de l'ensemble, celui qui
détermine le mieux le jugement de l'esprit. Il doit présider en quelque sorte dans tout le chant et y occuper la
première place.

La cinquième note de la gamme doit à son emploi fréquent le nom de *dominante*; la quatrième est appelée
sous-dominante; la troisième est appelée *médiante*, parce
qu'elle est dans les deux modes, à peu près à mi-chemin
entre la dominante et la tonique.

Supposons la mélodie formée des sons de la gamme
majeure.

Le troisième degré, exprimé par $\frac{5}{4}$, n'a pas le caractère de conclusion; mais il est encore agréable par lui-
même et s'unit mieux que tout autre à la dominante et à
la tonique.

Le quatrième et le sixième degrés, exprimés par $\frac{4}{3}$ et $\frac{5}{3}$, sont, comme le troisième, capables de satisfaire l'esprit, sans pouvoir cependant lui donner le sentiment du repos.

Le défaut de sens fini est même plus marqué dans ces deux sons que dans la médiante, parce que le mode de division ternaire qui les distingue est moins facile à saisir que le mode de division binaire appartenant à la fois à la dominante et à la médiante.

Le quatrième degré étant très-voisin du troisième qui a un caractère de repos moins incomplet, le passage du quatrième au troisième est facile et agréable, et l'on peut dire que dans le mode majeur il y a attraction de la sous-dominante vers la médiante.

La tonique, la médiante et la dominante sont entre elles dans le rapport des nombres 4, 5, 6, ou 3, 4, 5, suivant qu'on prend la dominante au-dessus ou au-dessous de la tonique. C'est la relation la plus simple qui puisse exister entre trois notes comprises dans l'étendue d'une octave. C'est pourquoi ces notes s'unissent parfaitement et déterminent très-bien le jugement de l'esprit. C'est pourquoi l'accord ou la succession de ces trois degrés donne la sensation la plus complète de plaisir et de repos.

Le second et le septième degrés, exprimés par $\frac{9}{8}$ et $\frac{15}{8}$, ne peuvent plaire par eux-mêmes et ne satisfont l'esprit que par leur enchaînement avec les consonnances. L'esprit ne peut, sans difficulté, saisir leurs rapports avec les autres sons, et cette difficulté lui donne une certaine inquiétude. Mais comme la tonique est très-voisine du second et du septième degrés, le passage de ces degrés à la tonique est très-facile et très-agréable. L'incertitude causée par leur audition ne fait qu'éveiller l'attention de l'esprit et augmenter le plaisir que lui donne la conclusion. Ainsi l'on voit qu'il y aura attraction du second et du septième degrés vers la tonique, et l'on peut remarquer que cette attraction sera plus marquée sur le septième qui en est plus voisin.

La septième note du mode majeur excitant plus vivement que toute autre l'attention de l'esprit, et déterminant par son passage à la tonique une impression de plaisir toute spéciale, est appelée note *sensible*.

Supposons la mélodie formée des sons de la gamme mineure.

L'audition des sons communs aux modes majeur et mineur produira le même effet dans l'un et dans l'autre. Mais l'audition des sons caractéristiques du mode mineur produira une impression très-différente de celle des sons correspondants du mode majeur. Cette impression sera encore agréable, mais plus vague, moins précise. Elle donnera au discours un caractère plus vague et plus plaintif.

Le sixième degré, exprimé par $\frac{8}{5}$, n'ayant aucun caractère de repos et se trouvant très-près du cinquième qui donne un sentiment de repos bien marqué, le passage du sixième au cinquième est très-facile et très-agréable, et l'on peut dire que dans le mode mineur il y a attraction du sixième degré vers la dominante.

Le septième degré, exprimé par $\frac{9}{5}$, n'a pas le caractère d'attraction de la sensible du mode majeur, parce qu'il donne des rapports plus faciles à saisir et se trouve d'ailleurs moins voisin de la tonique.

Dans le troisième mode, le deuxième degré, exprimé

par $\frac{16}{15}$, peut être considéré comme une véritable sensible. Il est très-voisin de la tonique, il donne avec les autres sons du mode des rapports difficiles à saisir, et le
passage de ce degré à la tonique est par suite très-facile
à saisir et très-agréable.

Le premier mode mineur ne présente rien de semblable, et peut être considéré comme n'ayant pas de note
sensible.

De la constitution de la gamme mineure.

Beaucoup de musiciens, attribuant au caractère de la
sensible du mode majeur une importance presque exclu-
sive, en ont fait la condition indispensable de l'existence
d'une gamme. Cette idée les a conduits à introduire cette
sensible dans la gamme mineure. Ils la substituaient à la
septième mineure et faisaient ainsi disparaître cette note,
dont l'emploi est si fréquent dans les chants écrits en
mineur et dont le caractère est identique à celui de la
tierce, de la sixte mineures et du mode mineur lui-même.
Ils introduisaient de plus dans la gamme, de la sixte mineure à la sensible, un intervalle difficile à saisir, difficile
à reproduire, la seconde augmentée.

La nécessité de l'emploi de la septième mineure et la
difficulté de l'admission de la seconde augmentée avaient
conduit la plupart d'entre eux à donner à la gamme mineure des constitutions différentes pour différents cas.
Presque tous, pour la gamme descendante, admettaient
la substitution de la septième mineure à la sensible, re-
produisant ainsi la série que nous considérons comme la
seule expression de la gamme mineure. Quelques-uns,
dans la gamme ascendante, substituaient la sixte majeure
à la mineure pour supprimer l'intervalle difficile de seconde augmentée.

Mais la musique n'est pas formée d'une succession de gammes ascendantes ou descendantes. Elle est formée d'un nombre infini de combinaisons infiniment variées de tous les sons de la gamme. Admettre plusieurs formes de la gamme mineure, c'est admettre dans le mode mineur tous les sons que contiennent ses diverses formes, tous les intervalles résultant de leurs combinaisons ; c'est admettre par le contact de la sensible avec la tierce et la sixte mineures les intervalles augmentés de quinte et de seconde, les intervalles diminués de quarte et de septième.

Quelques-uns, plus récemment, ont vu dans l'admission de ces intervalles difficiles, et surtout dans l'admission de la seconde augmentée, l'origine unique du caractère du mode mineur. Mais ces intervalles n'existent pas dans la musique ancienne et ne se trouvent pas très-souvent dans la musique moderne. Comment attribuer à leur présence le caractère du mode et des intervalles mineurs dont l'emploi est si ancien et si fréquent? Et si le contact de la sensible avec les sons mineurs donne au mode mineur son expression, comment les musiciens la reconnaissent-ils dans les parties de la composition où ce contact ne se produit pas?

Je crois établir une théorie, non-seulement plus légitime au point de vue des lois abstraites, mais plus conforme aux résultats de l'expérience, en considérant le mode de division par 5 comme l'origine du caractère du mode mineur, et l'introduction des intervalles majeurs dans le mode mineur ou des intervalles mineurs dans le mode majeur comme de véritables changements de mode.

Ces modulations sans déplacement du ton sont très-naturelles, très-faciles et très-propres à introduire la variété dans la composition sans en altérer l'unité. Elles doivent être, elles sont pour ce motif fréquemment employées, et leur répétition suffit pour expliquer le peu de netteté de la distinction établie jusqu'ici entre les gammes des deux modes.

De la disposition des sons dans le discours musical.

L'esprit peut percevoir à la fois et sans confusion tous les sons dont se compose une série musicale, et par suite tous les intervalles que peuvent former ces sons combinés deux à deux. Il peut comparer chaque son à l'un quelconque de ceux qui le précèdent, et souvent le compare à celui qui le précède immédiatement. Il faut que cette comparaison ne lui présente que des intervalles faciles à apprécier, agréables à entendre. C'est pourquoi l'on ne doit admettre, dans chaque partie du discours, que les sons d'une même gamme diatonique, et l'on doit éviter la succession immédiate de ceux dont l'intervalle est le plus grand ou le moins simple.

Pour que les diverses parties de la série se relient entre elles, pour que l'ensemble puisse être saisi et retenu, il faut que l'attention se porte sur ceux des sons qui ont avec tous les autres des rapports particulièrement simples. Ces sons, formant avec tous les autres les intervalles les plus faciles à saisir, donnent les termes de comparaison les plus utiles pour l'appréciation de l'ensemble. Ils doivent être mis en évidence par la disposition des intervalles, de la mesure et du rhythme, et la nécessité d'appeler et de retenir l'attention sur ces points essentiels est l'une des premières règles auxquelles cette disposition doit satisfaire.

C'est pourquoi la tonique, la dominante et la médiante doivent apparaître dès le commencement du discours et se trouver partout en évidence sur les temps forts, aux endroits les plus marqués de la période.

Nous avons vu que la tonique, ayant avec tous les autres sons de la gamme des rapports très-simples, est le son
qui facilite le plus l'appréciation de l'ensemble et détermine le mieux le jugement de l'esprit. Son audition, que
l'esprit attend et désire, est pour lui comme la réussite du
calcul, comme la solution du problème. Elle lui donne
une sensation toute spéciale de plaisir et de repos. C'est
pourquoi la mélodie doit généralement se terminer par la
tonique.

Si, par la disposition du discours, on met en évidence,
comme on doit le faire, ceux des sons de la gamme qui
forment avec la tonique les rapports les plus simples,
c'est-à-dire la dominante et la médiante, on fait ainsi
pressentir l'arrivée de la tonique, on augmente le désir
de son arrivée et le plaisir qu'elle cause.

On augmente encore ce plaisir en plaçant immédiatement avant la tonique le septième degré du mode majeur
ou le second degré. Les intervalles que ces degrés forment
avec tous les autres ne sont pas faciles à saisir; mais le
passage de ces deux sons à la tonique est très-facile, parce
qu'ils en sont très-voisins, et l'incertitude causée par leur
audition ne fait qu'éveiller l'attention et augmenter le
désir de la conclusion.

Nous avons vu que la dominante est, après la tonique,
le son qui satisfait le plus l'oreille, facilite le plus l'appréciation de l'ensemble, et détermine le mieux le jugement
de l'esprit. La dominante peut être répétée plus fréquemment et mise en évidence plus complétement que la tonique, parce qu'elle a un caractère moins marqué de repos
et de conclusion. En appelant trop vivement l'attention
sur la tonique, on ne laisse plus rien à apprendre, on ter-
mine trop promptement, trop complétement le sens du
discours. Aussi n'est-ce point la tonique, mais la dominante, qui doit présider en quelque sorte dans tout le

chant, commencer la mélodie et y occuper la première place.

Le discours musical se divise, comme le discours écrit, en périodes, en phrases, dont la coupe et la succession doivent être simples et régulières. Ces phrases sont dessinées par des variations de durée et d'intensité produisant des successions simples et régulières de temps forts et de temps faibles qui constituent la mesure et le rhythme.

Les sons les plus agréables, les consonnances les plus parfaites, doivent être en évidence sur les temps forts, aux endroits les plus marqués de la période, et si l'on compare les coupures du discours musical à celles du discours écrit, on peut dire que la tonique doit précéder les points, l'octave et la dominante les points-et-virgules. Les virgules doivent suivre la médiante, la sous-dominante, le sixième degré majeur et le septième degré mineur. La sensible, le second degré et le sixième degré mineur doivent se glisser sur les temps faibles dans les intervalles de la ponctuation.

De la tonalité.

Nous avons vu que chaque degré a un caractère particulier résultant de ses rapports avec les autres notes de la gamme. Ce caractère lui assigne une fonction spéciale et détermine la place qu'il doit occuper dans le discours.

Les degrés exprimés par les nombres les plus simples ont un caractère de repos. Ils marquent les points essentiels de la phrase et peuvent seuls terminer ou suspendre le discours.

Ceux qui sont exprimés par les nombres les moins simples ont un caractère d'attraction vers les repos dont ils sont voisins. Leur emploi éveille l'attention et augmente le plaisir que donnent les repos.

Ceux qui n'ont ni le caractère d'attraction ni le caractère de conclusion servent souvent d'enchaînement avec les tons prochains ou relatifs.

On nomme *tonalité* le caractère de nécessité que donne à l'emploi de chaque son dans les diverses parties du discours l'ensemble des relations des sons de la même gamme.

La tonalité dirige, même à leur insu, le compositeur, le chanteur et l'auditeur. Elle est la conséquence naturelle de la loi des rapports simples et la condition nécessaire de la clarté, de l'expression, de l'existence même de la musique.

Elle s'établit et s'affirme par deux moyens : l'emploi exclusif des sons d'une même gamme diatonique, et la disposition de ces sons réglée suivant le caractère de chacun d'eux.

L'emploi exclusif des sons d'une même gamme n'introduit dans le discours que les douze intervalles naturels qui sont les plus faciles à saisir, les plus agréables à entendre. L'ordre établi dans leur disposition facilite encore l'intelligence de ces intervalles, les rend par là plus agréables, et, saisi lui-même par l'esprit, ajoute au plaisir que lui cause l'appréciation de chacun d'eux.

La tonalité est déterminée par deux éléments, le *ton* et le *mode.*

Le ton, le son pris pour unité, s'indique surtout par la disposition des sons communs aux deux modes qui forment avec la tonique les deux intervalles justes. Le mode majeur est indiqué par l'emploi des sons qui forment avec la tonique les intervalles majeurs. Le mode mineur est indiqué par l'emploi des sons qui forment avec la tonique les intervalles mineurs.

Ainsi le ton s'indique surtout par la disposition de la dominante et de la sous-dominante, et le mode par la disposition des troisième, sixième et septième degrés.

5.

La médiante étant de tous les degrés majeurs et mineurs celui qui a les rapports les plus simples avec la tonique et la dominante, celui qui, joint à ces deux sons, détermine le mieux le jugement de l'esprit, est le degré le plus utile pour l'indication du mode.

De la quarte majeure et de la quinte mineure.

Chaque gamme n'a que deux degrés dont la comparaison donne la quarte majeure ou la quinte mineure, et chaque mode n'a qu'une seule gamme dans laquelle ces deux degrés soient réunis. Ainsi le ton majeur de *do* et ses deux tons relatifs ne présentent qu'une quarte majeure qui est de *fa* à *si*, et une quinte mineure qui est de *si* à *fa*, et ces trois tons de modes différents sont les seuls dans lesquels se trouvent à la fois le *fa* et le *si*.

La quarte majeure et la quinte mineure ne pouvant être données que par deux degrés déterminés de chaque gamme, l'audition de chacun de ces intervalles caractérise nettement le rôle que remplissent dans cette gamme les deux sons dont il est formé, et ces deux sons ne pouvant appartenir qu'à une seule gamme, leur réunion est très-propre à déterminer le jugement de l'esprit sur la tonalité.

Ces deux intervalles peuvent encore aider à satisfaire l'esprit par les tendances des deux degrés qui les forment vers les repos dont ils sont voisins. Dans le mode majeur, ces deux degrés sont le quatrième et le septième, qui ont une tendance assez marquée, le quatrième vers la médiante et le septième vers la tonique. Dans le mode mineur, ces deux degrés sont le second et le sixième, qui ont une tendance assez marquée, le second vers la tonique et la sixième vers la dominante.

Ainsi la quarte majeure et la quinte mineure, qui sont

les dissonances les plus marquées de la gamme et ne peuvent plaire par elles-mêmes, peuvent être très-utiles pour éveiller l'attention, faciliter l'appréciation de l'ensemble et augmenter le plaisir de la conclusion.

CHAPITRE VII.
DE LA MODULATION.

De la modulation.

Les combinaisons successives ou simultanées des sons d'une même gamme sont excellentes pour l'expression des sentiments simples, des affections douces et calmes. Mais elles ne pourraient complétement exprimer les sentiments vifs et passionnés. Leur simplicité, nécessaire aux débuts de l'art, ne peut suffire à ses progrès. Il doit suppléer à leur insuffisance par deux moyens, le changement du mode et le déplacement du ton.

On appelle *modulation* la modification de la tonalité résultant du changement de mode ou du déplacement du ton.

La tonalité s'établissant par deux moyens, l'emploi exclusif des sons de la même gamme diatonique et la disposition constante de ces sons, la modulation s'établit par deux moyens correspondants, l'introduction des sons de la gamme nouvelle étrangers à la gamme primitive, d'où résulte l'apparition des intervalles altérés, et la disposition différente des sons communs aux deux gammes.

Changement de mode.

Si l'on change de mode sans changer de ton, le caractère des sons communs aux deux modes étant le même dans l'un et dans l'autre, la modulation ne peut s'établir que par l'introduction des sons propres au nouveau mode et l'app aritiondes intervalles altérés.

Le passage du mode majeur au mode mineur s'établira par l'emploi des degrés qui forment avec la tonique les intervalles mineurs. Le contact de ces degrés avec les sons correspondants majeurs donnera la seconde et la quinte mineures, l'octave, la quarte et la septième diminuées. Le mode mineur s'affirmera par l'emploi exclusif des sons mineurs et des intervalles naturels.

Le passage du mode mineur au mode majeur s'établira par l'emploi des degrés qui forment avec la tonique les intervalles majeurs. Le contact de ces degrés avec les sons mineurs donnera la septième et la quarte majeures, l'octave, la quinte et la seconde augmentées. Le mode majeur s'affirmera par l'emploi exclusif des sons majeurs et des intervalles naturels.

Changement de ton.

Le déplacement du ton, le changement de la tonique donne pour éveiller l'attention, pour intéresser l'esprit, un moyen sinon plus puissant, du moins plus varié que le changement de mode.

Son emploi est d'ailleurs nécessaire pour plier le langage musical aux limites variables du registre de chaque voix, de chaque instrument, et placer chaque partie du discours dans la partie du registre qui lui convient le mieux.

En multipliant par un nombre quelconque $\frac{m}{n}$ les nombres de vibrations de tous les sons d'une gamme, on obtient les sons d'une gamme nouvelle ne différant de la première que par la substitution à la tonique primitive d'une nouvelle tonique qui sera exprimée par $\frac{m}{n}$, la première étant prise pour unité. Pour que la substitution de cette gamme à l'autre dans le discours soit intelligible et acceptable, il faut que les sons des deux séries soient en rapport simple, il faut que quelques-uns d'entre eux appartiennent à l'une et à l'autre. Pour que ces deux conditions soient remplies, il faut et il suffit que le rapport des deux toniques soit exprimé par de petits nombres, et elles seront remplies d'autant mieux, que ces nombres seront plus petits.

Modulation à la dominante, modulation à la sous-dominante, de ton majeur en ton majeur.

La dominante $\frac{3}{2}$, la sous-dominante $\frac{4}{3}$ étant les sons dont le rapport avec la tonique est exprimé par les plus petits nombres, la modulation à la dominante, la modulation à la sous-dominante sont les changements de ton les plus simples, les plus faciles.

La succession de ces deux modulations ramène au ton primitif. La première modifiant l'unité dans le rapport de 2 à 3, la seconde la modifiant dans le rapport de 3 à 4, leur succession la modifie dans le rapport de 1 à 2, et les diverses octaves d'une même gamme ne sont que les diverses formes d'un même ton.

Les sons de la gamme majeure peuvent être considérés comme résultant d'une succession de secondes majeures s et de secondes mineures s' :

$$\begin{array}{cccccccc} do & ré & mi & fa & sol & la & si & do \\ s & s & s' & s & s & s & s' . \end{array}$$

La série formée à partir de la dominante par les sons supérieurs de la gamme majeure et les octaves des sons inférieurs peut être aussi considérée comme résultant d'une succession de secondes majeures et mineures :

$$sol \quad la \quad si \quad do \quad ré \quad mi \quad fa \quad sol$$
$$s \quad s \quad s' \quad s \quad s \quad s' \quad s.$$

Pour que les rapports successifs des termes de cette série soient semblables à ceux de la gamme majeure, il suffit de substituer au septième terme, sous-dominante de la gamme primitive, le dièse de cette sous-dominante :

$$sol \quad la \quad si \quad do \quad ré \quad mi \quad fa\text{✻} \quad sol$$
$$s \quad s \quad s' \quad s \quad s \quad s \quad s'.$$

La gamme majeure de la dominante ne diffère donc de la gamme primitive que par la suppression de la sous-dominante du ton primitif et l'emploi du dièse de cette sous-dominante, qui est la sensible du ton nouveau.

La série formée à partir de la sous-dominante par les sons supérieurs de la gamme majeure et les octaves des sons inférieurs peut être considérée comme résultant d'une succession de secondes majeures et mineures :

$$fa \quad sol \quad la \quad si \quad do \quad ré \quad mi \quad fa$$
$$s \quad s \quad s \quad s' \quad s \quad s \quad s'.$$

Pour que les rapports successifs des termes dans cette série soient semblables à ceux de la gamme majeure, il suffit de substituer au quatrième terme, sensible du ton primitif, le bémol de cette sensible :

$$fa \quad sol \quad la \quad si\flat \quad do \quad ré \quad mi \quad fa$$
$$s \quad s \quad s' \quad s \quad s \quad s \quad s'.$$

La gamme majeure de la sous-dominante ne diffère donc de la gamme primitive que par la suppression de la sensible du ton primitif et l'emploi du bémol de cette sensible, qui est la sous-dominante du ton nouveau.

Une succession de modulations à la dominante conduit du ton majeur de *do* aux tons majeurs de *sol, ré, la, mi, si, fa*, do**.

Chaque modulation à la dominante s'établit par la suppression de la sous-dominante du ton précédent et l'emploi du dièse de cette sous-dominante, qui est la sensible du ton nouveau.

Les dièses se succèdent, comme les sensibles, comme les sous-dominantes, comme les toniques, de quinte en quinte en montant, ou de quarte en quarte en descendant.

Une succession de modulations à la sous-dominante conduit du ton majeur de *do* aux tons majeurs de *fa, si♭, mi♭, la♭, ré♭, sol♭, do♭*.

Chaque modulation à la sous-dominante s'établit par la suppression de la sensible du ton précédent et l'emploi du bémol de cette sensible, qui est la sous-dominante du ton nouveau.

Ces bémols se succèdent, comme les sous-dominantes, comme les sensibles, comme les toniques, de quarte en quarte en montant, ou de quinte en quinte en descendant.

Le dernier dièse amené par la modulation dans un ton majeur en est la note sensible, le dernier bémol en est la sous-dominante, l'avant-dernier bémol en est la tonique.

Modulation à la dominante, modulation à la sous-dominante, de ton mineur en ton mineur.

Les sons de la gamme mineure peuvent être considérés comme résultant d'une succession de secondes majeures et mineures :

$$do \quad ré \quad mi♭ \quad fa \quad sol \quad la♭ \quad si♭ \quad do$$
$$s \quad s' \quad s \quad s \quad s' \quad s \quad s$$

La série formée à partir de la dominante par les sons supérieurs de la gamme mineure et les octaves des sons inférieurs peut être aussi considérée comme résultant d'une succession de secondes majeures et mineures :

$$sol \quad la^{\flat} \quad si^{\flat} \quad do \quad ré \quad mi^{\flat} \quad fa \quad sol$$
$$s' \qquad s \qquad s \qquad s \qquad s' \qquad s \qquad s.$$

Pour que les rapports successifs des termes dans cette série soient semblables à ceux de la gamme mineure, il suffit de substituer au second terme *la*$^{\flat}$, qui est le sixième de la gamme primitive, le dièse de ce terme *la* :

$$sol \quad la \quad si^{\flat} \quad do \quad ré \quad mi^{\flat} \quad fa \quad sol$$
$$s \qquad s' \qquad s \qquad s \qquad s' \qquad s \qquad s.$$

La gamme mineure de la dominante ne diffère donc de la gamme primitive que par la suppression du sixième degré du ton primitif et l'emploi du dièse de ce terme. Ce dièse est le second degré du ton nouveau.

La série formée à partir de la sous-dominante par les sons supérieurs de la gamme mineure et les octaves des sons inférieurs peut être considérée comme résultant d'une succession de secondes majeures et mineures :

$$fa \quad sol \quad la^{\flat} \quad si^{\flat} \quad do \quad ré \quad mi^{\flat} \quad fa$$
$$s \qquad s' \qquad s \qquad s \qquad s \qquad s' \qquad s.$$

Pour que les rapports successifs des termes dans cette série soient semblables à ceux de la gamme mineure, il suffit de substituer au sixième terme, qui est le second de la gamme primitive, le bémol de ce terme :

$$fa \quad sol \quad la^{\flat} \quad si^{\flat} \quad do \quad ré^{\flat} \quad mi^{\flat} \quad fa$$
$$s \qquad s' \qquad s \qquad s \qquad s' \qquad s \qquad s.$$

La gamme mineure de la sous-dominante ne diffère

donc de la gamme primitive que par la suppression du second degré du ton primitif et l'emploi du dièse de ce
terme. Ce dièse est le sixième degré du ton nouveau.

Une succession de modulations à la dominante conduit
du ton mineur de *do* aux tons mineurs de *sol, ré, la, mi,
si, fa*, do**.

Chaque modulation à la dominante s'établit par la
suppression du sixième degré du ton précédent et l'emploi
du dièse de ce terme, qui est le second du ton nouveau,
chaque substitution s'opérant par la suppression d'un
bémol ou l'addition d'un dièse.

Les bémols supprimés, les dièses ajoutés se succèdent,
comme les toniques, de quinte en quinte en montant ou
de quarte en quarte en descendant.

Une succession de modulations à la sous-dominante
conduit du ton mineur de *do* aux tons mineurs de *fa, si♭,
mi♭, la♭, ré♭, sol♭, do♭*.

Chaque modulation à la sous-dominante s'établit par
la suppression du second degré du ton précédent, et l'emploi du bémol de ce terme qui est le sixième du ton nouveau. Les bémols ajoutés se succèdent, comme les toniques,
de quarte en quarte en montant ou de quinte en quinte en
descendant.

*Génération des gammes. — Ordre de succession des
dièses et des bémols.*

On obtiendra facilement par des considérations semblables les règles de la modulation relatives au troisième
mode, et, réunissant dans le même énoncé les résultats
communs aux trois modes, on aura les principes suivants :

Une succession de modulations à la dominante, de ton
majeur en ton majeur, ou de ton mineur en ton mineur,
conduit du ton de *do* aux tons de *sol, ré, la, mi, si, fa*,
do**.

Une succession de modulations à la sous-dominante de ton majeur en ton majeur, ou de ton mineur en ton mineur, conduit du ton de *do* aux tons de *fa*, *si*♭, *mi*♭, *la*♭, *ré*♭, *sol*♭, *do*♭.

Les deux systèmes de modulations sont inverses, et l'on peut réunir ces deux séries en une seule conduisant du ton de *do*♭ au ton de *do*✳ par une série de modulations à la dominante, ou du ton de *do*✳ au ton de *do*♭ par une série de modulations à la sous-dominante.

Chaque modulation à la dominante s'établit par la suppression d'un bémol ou l'addition d'un dièse.

Les bémols supprimés, les dièses ajoutés se succèdent, de quinte en quinte en montant, ou de quarte en quarte en descendant, suivant l'ordre des toniques *do*, *sol*, *ré*, *la*, *mi*, *si*, *fa*, *do*.

Chaque modulation à la sous-dominante s'établit par la suppression d'un dièse ou l'addition d'un bémol.

Les dièses supprimés, les bémols ajoutés se succèdent, de quarte en quarte en montant, ou de quinte en quinte en descendant, suivant l'ordre des toniques *do*, *fa*, *si*, *mi*, *la*, *ré*, *sol*, *do*.

Cette série de modulations peut se continuer au delà de *do*✳ et de *do*♭, chaque modulation nouvelle à partir de *do*✳ amenant un double dièse, chaque modulation nouvelle à partir de *do*♭ amenant un double bémol.

Les sept gammes de chaque mode qui se présentent de *si*♭ à *do*♭ peuvent se déduire des sept gammes de même nom qui se présentent de *si* à *do*, en bémolisant tous les sons.

Les gammes de *si*♭♭ à *do*♭♭ peuvent se déduire de même des gammes de *si*♭ à *do*♭.

Les sept gammes de chaque mode qui se présentent de *do*✳ à *si*✳ peuvent se déduire des sept gammes de même nom qui se présentent de *do* à *si*, en diésant tous les sons.

Les gammes de *do** à *si** peuvent se déduire de même des gammes de *do** à *si**.

Règles de la modulation.

La modulation à la dominante, la modulation à la sous-dominante et tous les changements de ton qui en dérivent s'établissent et s'affirment par deux moyens : l'un est la disposition différente des sons communs au ton primitif et au ton nouveau ; l'autre est l'emploi des sons du ton nouveau étrangers au ton primitif, et la suppression des sons du ton primitif étrangers au ton nouveau.

Chaque modulation à la dominante ou à la sous-dominante ne peut ajouter aux intervalles naturels qu'un dièse et un bémol. Une modulation à la seconde majeure ou à la septième mineure, qui se fait généralement par deux modulations à la dominante ou à la sous-dominante, si elle est faite directement, amène la quarte augmentée et la quinte diminuée. Une modulation à la sixte majeure ou à la tierce mineure, qui se fait généralement par trois modulations à la dominante ou à la sous-dominante, si elle est faite directement, amène la seconde augmentée et la septième diminuée.

Chaque ton a trois modes, un majeur et deux mineurs. Le passage du majeur au mineur s'établit par l'emploi des sons qui forment, avec la tonique, les intervalles mineurs. Il s'affirme par la suppression de ceux qui forment avec la tonique les intervalles majeurs. Les sons mineurs étant les bémols des sons majeurs de même nom, chaque substitution se fait par des additions de bémol ou des suppressions de dièse.

Le passage du mineur au majeur s'établit par l'emploi des sons qui forment avec la tonique les intervalles majeurs. Il s'affirme par la suppression de ceux qui font avec

la tonique les intervalles mineurs. Les sons majeurs
étant les dièses des sons mineurs de même nom, chaque
substitution se fait par des additions de dièse ou des suppressions de bémol.

Le changement de mode sans changement de ton ne
peut s'établir et s'affirmer que par ce moyen, le caractère
des sons communs aux deux modes, la disposition à leur
donner étant les mêmes dans l'un et dans l'autre.

Tons relatifs.

Si l'on compare à la gamme mineure la série formée à
partir de la sixte majeure par les sons supérieurs de la
gamme majeure et les octaves des sons inférieurs, on voit
que les rapports successifs des termes sont semblables
dans les deux séries :

$$la \quad si \quad do \quad ré \quad mi \quad fa \quad sol \quad la$$
$$s \quad s' \quad s \quad s \quad s' \quad s \quad s$$
$$do \quad ré \quad mi^b \quad fa \quad sol \quad la^b \quad si^b \quad do.$$

Les sons de chaque gamme majeure peuvent donc être
considérés comme formant une gamme mineure ayant
pour tonique la sixte majeure du ton primitif.

Si l'on compare à la gamme du troisième mode la série
formée à partir de la tierce majeure par les sons supérieurs de la gamme majeure et les octaves des sons inférieurs, on voit que les rapports successifs des termes sont
semblables dans les deux séries :

$$mi \quad fa \quad sol \quad la \quad si \quad do \quad ré \quad mi$$
$$s' \quad s \quad s \quad s \quad s' \quad s \quad s$$
$$do \quad ré^b \quad mi^b \quad fa \quad sol \quad la^b \quad si^b \quad do.$$

Les sons de chaque gamme majeure peuvent donc être
considérés comme formant une gamme du troisième mode,
ayant pour tonique la tierce majeure du ton primitif.

De ces deux principes il résulte que les sept sons d'une gamme diatonique quelconque peuvent être considérés comme formant trois gammes de modes différents, la tonique du majeur étant d'une sixte majeure au-dessous de celle du mineur, et d'une tierce majeure au-dessous de celle du troisième mode.

Les trois tons de modes différents formés par les mêmes sons sont appelés *tons relatifs*.

Le passage d'un ton au ton relatif s'établit et s'affirme par la disposition différente des sons indiquant le caractère différent qu'ils ont dans l'un et dans l'autre.

Sept sons consécutifs quelconques de la série générale
forment une gamme diatonique.

Si l'on dispose suivant l'ordre des quintes ascendantes et des quartes descendantes les sept sons de la gamme majeure de *do*, et les sons obtenus en les diésant ou les bémolisant une ou plusieurs fois, on voit que chacune des gammes des trois modes, ayant *do* pour tonique, est formée par sept sons consécutifs de la série ainsi formée.

Pour passer de la gamme majeure de *do* à celle de sa dominante, il suffit de substituer à la sous-dominante *fa*, qui est le premier terme de la gamme ainsi disposée, le dièse de cette sous-dominante qui, dans la série générale, suit immédiatement le dernier terme de cette gamme. De là il suit que comme la série de sept termes consécutifs qui commence au *fa* est une gamme majeure dont la tonique est le deuxième terme, la série de sept termes qui commence au terme suivant est aussi une gamme majeure, ayant pour tonique le deuxième terme et pour sous-dominante le premier. On peut appliquer à cette nouvelle gamme ce qui a été dit de la précédente, et continuant ainsi l'on voit que sept sons consécutifs quelconques, pris dans la série générale après le *fa*, peuvent être considérés comme formant une gamme majeure dont la tonique est le deuxième son.

Pour passer de la gamme majeure de *do* à celle de sa sous-dominante, il suffit de substituer à la sensible *si*, qui est le dernier terme de la gamme ainsi disposée, le bémol de cette sensible qui, dans la série générale, précède immédiatement le premier terme de cette gamme. De là il suit que comme la série de sept termes consécutifs qui commence au *fa* est une gamme majeure, dont la tonique est le deuxième terme, la série de sept termes qui commence au terme précédent est aussi une gamme majeure ayant pour tonique le deuxième terme et pour sensible le dernier. On peut appliquer à cette nouvelle gamme ce qui a été dit de la précédente, et continuant ainsi l'on voit que sept sons consécutifs quelconques, pris dans la série générale avant le *fa*, peuvent être considérés comme formant une gamme majeure dont la tonique est le deuxième son.

En appliquant aux gammes des deux autres modes les mêmes considérations et réunissant dans le même énoncé les résultats communs aux trois modes, on a le principe suivant :

Si l'on dispose suivant l'ordre des quintes ascendantes et des quartes descendantes les sept sons d'une gamme majeure et les sons obtenus en les diésant ou les bémolisant une ou plusieurs fois, sept sons consécutifs quelconques de la série ainsi formée peuvent être considérés comme formant une gamme du mode majeur dont la tonique est le deuxième son, ou une gamme du mode mineur dont la tonique est le cinquième son, ou une gamme du troisième mode dont la tonique est le sixième son.

C'est ce que nous avons déjà trouvé par une autre voie ; celle-ci est moins directe, mais se rapproche davantage de l'ordre d'idées généralement suivi par les musiciens.

Tons prochains.

On appelle *tons prochains* les tons qui ont six sons communs.

Chaque ton a six tons prochains : deux de mode semblable, celui de la dominante et celui de la sous-dominante, et deux de chacun des deux autres modes qui sont les relatifs des deux premiers.

Le changement de mode sans changement de ton, le passage au ton relatif, le passage à l'un des tons prochains sont les modulations les plus simples, les plus faciles à saisir, et par suite les plus employées. Ces modulations sont appelées *modulations ordinaires*. Toutes les autres sont appelées *extraordinaires*.

Transition.

Chaque modulation du discours musical est généralement suivie d'une modulation inverse qui le ramène au ton primitif. La seconde suit souvent la première de très-près, de sorte que celle-ci est à peine établie, quelquefois à peine indiquée.

Lorsque le contraire a lieu, lorsque la modulation s'établit et s'affirme, de sorte qu'une phrase écrite dans un ton soit suivie d'une phrase entièrement écrite dans un ton différent, la modulation prend le nom de *transition*.

La succession de deux ou plusieurs transitions semblables prend le nom de *transition continuée*.

Transition enharmonique.

Le passage d'un ton au ton enharmonique se nomme *transition enharmonique*.

6

Ce passage, résultant d'une série de transitions à la dominante ou à la sous-dominante, nécessite douze transitions. Il s'opère directement, si l'on admet la substitution enharmonique.

Ainsi, l'on peut passer de *do* à *si**, de *ré♭♭* à *do*, par une succession de douze transitions à la dominante; on peut passer de *si** à *do*, de *do* à *ré♭♭* par une succession de douze transitions à la sous-dominante. Admettant la substitution enharmonique, on peut passer directement de *do* à *si**, de *ré♭♭* à *do*, et inversement, de *si** à *do*, de *do* à *ré♭♭*.

Tours de clavier.

On peut, partant d'un ton quelconque, revenir à ce ton par une succession de douze transitions à la dominante ou à la sous-dominante, suivie ou accompagnée d'une transition enharmonique.

On nomme *tours de clavier* ce genre de successions

Exemples de tours de clavier.

TONS SUCCESSIFS.

Par les dièses.

do sol ré la mi si fa do* sol* ré* la* mi* si* do.*

Par les bémols.

do fa si♭ mi♭ la♭ ré♭ sol♭ do♭ fa♭ si♭♭ mi♭♭ la♭♭ ré♭♭ do

Par les dièses et les bémols.

do sol ré la mi si fa sol♭ ré♭ la♭ mi♭ si♭ fa do.*

Par les bémols et les dièses.

do fa si♭ mi♭ la♭ ré♭ sol♭ fa si mi la ré sol do.*

FIN.

PARIS. — IMPRIMERIE DE GAUTHIER-VILLARS,
rue de Seine-Saint-Germain, 10, près l'Institut.

N° 4. — AVRIL 1864.

Le Catalogue général est expédié franco à toutes les personnes qui en font la demande par lettre affranchie.

En adressant un mandat sur la Poste ou des timbres-poste, les Ouvrages seront adressés *franco* dans toute la France.

QUAI DES AUGUSTINS, 55, A PARIS.

LIBRAIRIE DE GAUTHIER-VILLARS,

SUCCESSEUR DE MALLET-BACHELIER,

SPÉCIALE POUR

LES MATHÉMATIQUES, LA PHYSIQUE, LA CHIMIE, LES ARTS MÉCANIQUES, LES PONTS ET CHAUSSÉES, LA MARINE ET L'INDUSTRIE.

𝕭ulletin d'𝕬vril 1864.

Tout Ouvrage, dont on enverra franco un exemplaire, sera annoncé dans ce Bulletin.

PUBLICATIONS NOUVELLES.

ANNALES DE CHIMIE ET DE PHYSIQUE, par MM. *Chevreul, Dumas, Pelouze, Boussingault, Regnault.* IVe SÉRIE, tome Ier; année 1864.

Paris... 3o fr.

Départements....... .... 34 fr.

Étranger, suivant les conventions postales.

Mois d'Avril 1864.

Ce numéro contient : Sur la distillation des liquides mélangés; par M. Berthelot. — Action de l'acide sulfureux sur le soufre; par M. Berthelot. — Recherches sur le spectre solaire et sur les spectres des corps simples; par M. G. Kirchhoff. — Recherches théoriques sur la préparation de la soude par le procédé Le Blanc; par M. A. Scheurer-Kestner. — Mémoire sur les capsules sèches du *Papaver somniferum*; par M. Deschamps. — Lettre adressée à MM. les Rédacteurs des *Annales de Chimie et de Physique*; par M. A. Crova. — Lettre aux Rédacteurs du *Philosophical Magazine* sur l'histoire du principe de la conservation de l'énergie; par M. A. Colding. — Sur le dosage de l'acide phosphorique par les sels de magnésie; par M. Robert Warington. — Revue des travaux de chimie publiés à l'étranger; par M. Wurtz. — Revue des travaux de physique publiés à l'étranger; par M. Verdet.

BELANGER (J.-B.), Professeur à l'École impériale Centrale des Arts et Manufactures, ancien Ingénieur des Ponts et Chaussées et ancien Professeur de Mécanique aux Écoles impériales des Ponts et Chaussées et Polytechnique. — **Traité de Cinématique.** 1 volume in-8 de 288 pages et 12 planches; 1864... 8 fr.

Ce volume est le premier d'une suite de Traités dans lesquels l'Auteur s'occupe de réunir et de coordonner toutes les parties des cours de Mécanique qu'il a successivement professés, depuis 1838, à l'École Centrale des Arts et Manufactures, à l'École des Ponts et Chaussées et à l'École Polytechnique, et qui n'ont reçu qu'une publicité incomplète par les autographies de résumés destinés aux seuls auditeurs de ces cours.

— 14 —

On s'abonne chez GAUTHIER-VILLARS, Libraire,
Quai des Augustins. 55. à Paris.

ANNALES
SCIENTIFIQUES
DE
L'ÉCOLE NORMALE SUPÉRIEURE,
PUBLIÉES SOUS LES AUSPICES
DU MINISTRE DE L'INSTRUCTION PUBLIQUE,
Par M. L. PASTEUR,
MEMBRE DE L'INSTITUT, DIRECTEUR DES ÉTUDES SCIENTIFIQUES DE L'ÉCOLE,

AVEC

UN COMITÉ DE RÉDACTION COMPOSÉ DE MM. LES MAITRES DE CONFÉRENCES.

TOME Ier. — ANNÉE 1864. — 6 NUMÉROS.

COMITÉ DE RÉDACTION : M. PASTEUR, Directeur des Études scientifiques. *Président.* — **Mathématiques :** MM. BRIOT, HERMITE, PUISEUX. — **Physique :** M. VERDET. — **Chimie :** M. H. SAINTE-CLAIRE DEVILLE. — **Histoire naturelle :** DELESSE, DES CLOIZEAUX. LACAZE-DUTHIERS, VALENCIENNES.

AVERTISSEMENT.

Il suffit de jeter un coup d'œil sur l'Histoire de l'École Normale supérieure pour se convaincre que les études scientifiques y ont accompli des progrès considérables dans l'intervalle des vingt dernières années.

En même temps que la libéralité de l'État mettait au service de l'École de riches Collections et de vastes Laboratoires, les Membres éminents du Corps enseignant, qui suivaient ses travaux d'un œil paternel et jaloux de sa prospérité, s'efforçaient de placer son enseignement entre les mains de Savants d'un grand mérite, capables de faire rejaillir sur elle l'éclat de leurs découvertes personnelles.

Cet éclat, pour un Établissement de l'ordre supérieur, est d'une importance vitale. La jeunesse s'anime et s'inspire par l'illustration des Maîtres qui la dirigent. Pour lui communiquer le feu sacré, il faut en être plein soi-même.

Aussi a-t-on vu l'École Normale attirer peu à peu à elle, dans l'ordre des Sciences, comme elle en avait toujours eu le privilége dans l'ordre des Lettres, une jeunesse d'élite, qui, après avoir été nourrie des fortes études de l'École, a porté dans toute la France, dans les Lycées, dans les Facultés, et jusque dans les premiers Établissements de Paris, des Professeurs, joignant à la pratique consommée de l'enseignement, l'autorité du Savant.

Ce progrès des travaux scientifiques auxquels l'École Normale donne l'impulsion, grandira de jour en jour.

J'ai pensé qu'il serait utile et glorieux pour cet Établissement de créer une publication périodique dans laquelle seraient réunies les meilleures productions de ses anciens Élèves et de ses Maîtres.

Un heureux concours de circonstances a permis la réalisation de ce projet, qui, après avoir reçu les encouragements empressés du Chef de l'École et l'adhésion unanime des Maîtres de Conférences de l'ordre des Sciences, a rencontré le plus bienveillant accueil auprès de Son Excellence le Ministre de l'Instruction publique.

Puissent ces *Annales* devenir un honneur et une force pour un Établissement dont la prospérité est inséparable de celle de l'Instruction publique dans notre pays!

L. Pasteur.

Ces **ANNALES** seront publiées, tous les *deux mois*, par numéro de 56 à 64 pages et formeront, chaque année, un volume in-4° d'environ 760 pages, avec Figures dans le texte et Planches sur cuivre.

Prix de l'Abonnement pour 1864 (**6 NUMÉROS**):

Paris... 30 fr.
Départements.. 35 fr.
Étranger.. 40 fr.

Le numéro 1 contient : Recherches sur le pouvoir rotatoire des liquides actifs et de leurs vapeurs, par M. Désiré Gernez, Agrégé-Préparateur à l'École Normale. — Sur les principales inégalités du Mouvement de la Lune, par M. V. Puiseux, Maître de Conférences à l'École Normale.

Le numéro 2 sera publié prochainement. Il renfermera : Mémoire sur la fermentation acétique, par M. Pasteur, Directeur des Études scientifiques de l'École Normale.

BOUSSINGAULT, Membre de l'Institut. — **Agronomie, Chimie agricole et Physiologie**. 2ᵉ *édition*. Tome III, in-8, avec planches sur cuivre et figures dans le texte; 1864.................................... 5 fr.
  Les tomes I et II se vendent séparément.................... 5 fr.
BOVIER-LAPIERRE, Professeur de Mathématiques au lycée de Tournon. — **Cours de Géométrie élémentaire**, à l'usage de la Section des Sciences. In-12, avec planches; 1855.................... 2 fr. 50 c.
BOVIER-LAPIERRE. — **Traité élémentaire des approximations numériques**, à l'usage des Aspirants au Baccalauréat ès Sciences et aux Écoles spéciales. In-12.................................... 1 fr. 25 c.
BOVIER-LAPIERRE. — **Nouveau Traité de Trigonométrie rectiligne**. In-8 autographié; 1864.................................... 1 fr. 50 c.
CHANCOURTOIS (A.-E. Béguyer de). — **Vis tellurique. — Classement naturel des corps simples ou radicaux**, obtenu au moyen d'un système de classification hélicoïdal et numérique. In-4 cartonné, accompagné du Tableau chromolithographié des caractères des corps et d'une seconde planche muette du développement du cylindre, disposée pour l'étude et l'extension du système; 1863.................................... 5 fr.
COYTEUX (F.), Auteur des *Vrais Principes des Mathématiques*. — **Discussions sur les principes de la Physique**, examen critique des principales théories ou doctrines admises ou émises en cette science et explications proposées. In-8 avec planches gravées par M. Dulos; 1864.... 10 fr.

DU MONCEL (**Th.**), Ingénieur électricien de l'Administration des Lignes télégraphiques. — **Traité théorique et pratique de Télégraphie électrique**, à l'usage des employés télégraphistes, des ingénieurs, des constructeurs et des inventeurs. Vol. in-8 de 642 pages, avec 156 figures dans le texte et 3 planches sur cuivre; imprimé sur carré fin satiné; 1864.. 10 fr.

FINCK (**P.-J.-E.**), Professeur. — **Mécanique rationnelle.** — Première Partie : **La Cinématique pure.** — Deuxième Partie : **La Mécanique du point matériel.** In-8, avec figures dans le texte; 1864........ 6 fr. 50 c.

GIROUD (**Henri**) et **LESBROS**, Propriétaires de mines. — **Tables de sinus naturels pour la levée des plans de mines** et pour faciliter quelques opérations de trigonométrie calculées jusqu'à 100 mètres. 2ᵉ *édition*, in-8; 1863........ .... 5 fr.

JOURNAL DE MATHÉMATIQUES PURES ET APPLIQUÉES, ou Recueil mensuel de Mémoires sur les diverses parties des Mathématiques, publié par M. *Joseph Liouville*, Membre de l'Académie des Sciences et du Bureau des Longitudes, Professeur au Collége de France. 2ᵉ **SÉRIE**, tome IX, année 1864.

    Paris.. 30 fr.
    Départements... 35 fr.
    Étranger... 40 fr.

Mois de Février 1864.

Ce numéro contient: Solution de divers problèmes de Mécanique, dans lesquels les conditions imposées aux extrémités du corps, au lieu d'être invariables, sont des fonctions données du temps, et où l'on tient compte de l'inertie de toutes les parties du système; par M. Phillips. — Extension du théorème de Rolle aux racines imaginaires des équations; par M. J. Liouville.

NOUVELLES ANNALES DE MATHÉMATIQUES. Journal des Candidats aux Écoles Polytechnique et Normale, rédigé par MM. *Gerono*, Professeur de Mathématiques, et *Prouhet*, Répétiteur à l'École impériale Polytechnique. 2ᵉ **SÉRIE**, tome III; année 1864. (*Publication fondée, en* 1842, *par MM.* Gerono *et* Terquem.)

    Paris.. 12 fr.
    Départements... 14 fr.

Mois d'Avril et de Mai 1864.

Ces numéros contiennent: Recherche des points multiples à l'infini dans les courbes algébriques; par M. Painvin. — Sur les sections du tore; par M. Darboux. — Sur une construction d'Aboul Wafa (extrait d'une Lettre de M. Aristide Marre.) — Théorème sur les surfaces du second degré; par M. Mirza-Nizam. — Solution de la question 419; par M. J. de Virieu. — Solution de la question 665; par M. Haag. — Solution analytique de la même question; par M. Abraham Schnée. — Solution de la question 605. — Solution de la question 664; par M. Josselin. — Questions. — Questions d'examen (1863). — Correspondance. — Bulletin. — Recherche des points multiples à l'infini dans les courbes algébriques; par M. Painvin. — Théorèmes sur l'intersection d'une sphère et d'une surface du second degré; par M. G. Darboux. — Théorème de Desargues; par M. Poudra. — Du contact des courbes planes, et en particulier des contacts multiples des sections coniques avec une même courbe d'ordre quelconque; par M. E. de Jonquières. — Extrait d'une lettre de Descartes à Mersenne du 8 octobre 1629. — Solution de la question 533; par M. Nestor Plissart. — Solution de la question 663; par MM. H. Picquet et Max Cornu. — Solution de la question 680; par M. Laisant. — Questions d'examen (1863). — Bulletin.

IMPRIMERIE DE GAUTHIER-VILLARS, successeur de MALLET-BACHELIER,
Paris, rue de Seine-Saint-Germain, 10, près l'Institut.